忧患意识常在心间

Invasion

[美] 亨德里克·威廉·房龙◎著

马恒祥◎译

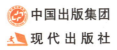
中国出版集团
现代出版社

图书在版编目（CIP）数据

忧患意识常在心间 /（美）房龙著；徐刚　徐勇　马恒祥译 . ——
北京：现代出版社，2016.3（2023.9 重印）
（房龙真知灼见系列）
ISBN 978-7-5143-4522-3

Ⅰ . ①忧… Ⅱ . ①房… ②徐… ③徐… ④马… Ⅲ . ①国防教育—青
少年读物 Ⅳ . ① E11-49

中国版本图书馆 CIP 数据核字 (2016) 第 024293 号

忧患意识常在心间

著　　者	（美）亨德里克·威廉·房龙
译　　者	徐刚　徐勇　马恒祥
责任编辑	周显亮　袁子茵
出版发行	现代出版社
地　　址	北京市安定门外安华里 504 号
邮政编码	100011
电　　话	010-64267325　010-64245264（传真）
网　　址	www.1980xd.com
电子信箱	xiandai@vip.sina.com
印　　刷	永清县晔盛亚胶印有限公司
开　　本	700mm×1000mm　1 / 16
印　　张	10
版　　次	2016 年 4 月第 1 版
印　　次	2023 年 9 月第 5 次印刷
书　　号	ISBN 978-7-5143-4522-3
定　　价	58.00 元

目录

目录

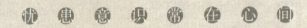

忧患意识
常在心间

01 危机就在身边，我们却浑然不知

　　我的脑子里依然充斥着最近四个星期以来令我厌恶的各种消息，我小心地重新阅读着弗里德尔的著作第二卷中熟悉的篇章。但是很快，我便对这样的阅读失去了兴趣。因为我发现，出于某种不明不白的原因，我很难将注意力集中到文字当中。

　　当纽约遭受土耳其浴一般的天气状况时，有些事情发生了，这不仅把我从还算舒服的家中叫出去赶往始发地，而且逼迫我不得不留在那里，我在弗兰克·凯斯的家中住了几夜，也算是出来避避暑。我和弗兰克聊了一会，他看起来有时也萎靡不振的，和我有些相像。我还注意到他有些紧张和忧虑。我问他关于在他家厨房中工作的那些德国人。

　　"那些人给你添什么麻烦了吗？"我问他，"他们难道真是纳粹分子吗？"

　　"是的，你说的没错，"他回答道，"他们确实是纳粹分子，但是我能拿他们怎么样呢？他们依然恪尽职守，工作勤勉。在厨房和我家其他的地方，只要是上班的时间，他们就不会将政治问题掺杂进来。而且，他们还几乎都是美国公民。我是在他们取得美国国籍之后才雇用的他们，所以他们不给我任何解雇他们的理由，我甚至没有理由怀疑他们什么。没错，要解决这件事，真是有些复杂和困难。"

　　一段相当长的时间以来，我在各地都听说了这些类似的事那些德国裔的职员们在上班之前会拿着《工人日报》向人们炫耀，并且互相讨论上面刊载的新闻。

情。人们怀疑和猜测他们所雇用的德国人，当然，他们中有很大一部分人已经取得了美国国籍。对于那些德国裔的职员、书记员和女职工，人们会感到很不舒服，因为他们在上班之前会拿着《工人日报》向人们炫耀，并且互相讨论上面刊载的新闻。当然，任何人无权干涉宪法赋予这些雇员的正当权利。在这个多事之秋，人人都会拿起法律武器来捍卫自己，说法律赋予了每个人言论自由权。

有时，人们会对他们把布尔什维克的宣传品带进办公室的行为进行些许批评。毫无疑问，在美国，工人的工资和红利是按照资本主义生产方式的基础发放的，这显然是布尔什维克所要抨击的。那些男女青年们便会很愤怒地发表他们自己的言论。他们会这样说："我们仅仅只是看看《工人日报》而已。我们都是美国人，我们有权利要求公平竞争和平等。如果我们只读《泰晤士报》或者《论坛报》，那么我们只能听到一方的声音，我们想彻底而清楚地了解各种消息，真实全面的消息。况且，布尔什维克俄国向来是和平与正义的坚决拥护者，他们又不是战争鼓吹者。当然，如果你们坚持的话，那我们也不会将《工人日报》带进办公室。但这样一来，你们就会让我们失去宪法所赋予我们的权利。你们看着办吧。"

3

所以，情况就是这样，几个月来一直如此。大多数善良的美国人，仍旧无忧而愉快地生活在他们舒适的梦境中，他们仍旧不愿相信很多人说起的——在欧洲，独裁者们正在享受噩梦似的美妙。

有时，我会对那些毫无警惕心的人发出警告，告诉他们，你们的处境其实很危险——总有一天，那些你们雇用的人会让你们和宪法一起滚蛋，把你们现在拥有的一切事业都交给这些所谓的人民，那时你们就只能干瞪着眼，为他们鼓掌了。但是他们都不相信我说的话。

"那只是你的个人偏见而已，"他们会这样对我说，"纳粹是占领了荷兰，但这里是美国，一切都是不一样的。美国情况之所以会不同，在于美国人民与欧洲的大众是不一样的。移民们对我们国家是很忠诚的，那是因为我们国家对他们有着巨大的影响力。如果你不相信，那看着就好了。"

起初，我尽全力劝说人们，企图使他们清楚地认识到目前的危机：他们拒绝采取稍微现实一些的态度来看待目前形势的做法，是很危险的事情。于是我把从我的家乡——荷兰——传来的凶杀和陷害的事实告诉他们。我家乡的人民本来是安居乐业的，但是第五纵队却引狼入室，将希特勒的军队接进了荷兰，而毫无准备的荷兰人民不得不举手投降，成为纳粹任意迫害的对象。但是，这些悲惨的故事却丝毫不能打动我在纽约的这些朋友。他们会耸耸肩，说道："哦，这些事情在欧洲也许是真实的，但在美国却不可能发生！"

02 在火车站，我们意外重逢

　　这种情况，加上闷热的天气，构成了纽约这一个星期以来的奇怪气氛。同时，从欧洲大陆传来的各种消息变得更加可怕，更加骇人听闻。尽管从欧洲发来的这些警告接二连三，却不能使我们的人民从他们虚构的快乐天堂中走出哪怕一小步，来看看他们自己周围发生的真实事件。他们只是反复地唠叨着，快要爆发革命了，尽管这种说法听起来十分荒诞。他们还会说，上帝很快就会显灵了，在法国或巴尔干半岛，或者在遥远的乌干达。看着吧，奇迹很快就会降临了。

　　最后，感到毫无办法，我不得不放弃了。我打电话给我的儿子，说我将乘坐五点零八分的火车到达格林威治，让他到时去火车站接我。当我到达火车站时，没想到伊丽莎白也在那里。吉米建议她可以去乡下呼吸一下新鲜的空气，并在村子中过一个安静的夜晚，所以她就来到火车站，准备和我一同去格林威治。当火车快要启动时，看呀！格蕾丝也来了！她刚好能赶上这趟火车，那时我和伊丽莎白正在讨论这一本关于巴赫的著作。格蕾丝想把她挑选的唱片拿给我看，让我给点评价，而吉米告诉她，可以在五点零八分的这趟列车上找到我。于是她就赶到了火车站并且找到了我们。如果不是一连串极其幸运的事情发生的话，格蕾丝就再也没有机会弹奏下一首钢琴曲了，她会像她的宠物猫约翰尼一样惨死在家中。几个月之后，当他们清理曾经是格蕾丝住宅的瓦砾碎片时，发现那只宠物猫的骨

平静的夏威夷岛上对纽约发生的爆炸丝毫不知情。

骸压在破损的钢琴下面。

当纳粹德国开始进攻纽约时，他们的空军首先轰炸了乔治华盛顿桥附近的泰特波罗的本迪克斯飞机制造厂。当然，华盛顿桥也是他们攻击的目标之一。在黑夜中，纳粹飞行员要找到本迪克斯飞机制造厂是很困难的，当他们在空中盘旋着寻找时，他们顺便把成吨的炸药投掷到伍德里奇村。村子中木制的房屋就像纸牌建造的一样，在瞬间粉碎消失了。

几个月之后，当格蕾丝回到她家中时，她家附近的景象出乎预料地美好，与她一直在忧虑中想象的样子天壤有别。那些曾经在她母亲花园中娇艳欲滴的各式花朵，已经在花园和周围很多地方生根发芽，有的甚至已经开出花蕾了。而她母亲，也同样受到幸运女神的眷顾：那天傍晚时分，也就是纳粹飞机轰炸之前，她的母亲从家中出去了，她去卢瑟福的夜市买些东西，谁知冥冥之中保全了性命。

　　纳粹飞机在哈斯布劳克高地投掷了第一颗燃烧弹之后，格蕾丝的父亲接到那个地方的火警报告，他跟随消防队赶去救火了。然而他们那些急急赶去的救火车并没有起到什么作用，因为第五纵队的人已经将消防管道割断了，所以消防管中始终没流出一滴水来。割断水管的人也始终没有抓到。毫无疑问，这肯定是纳粹的支持者们事先就计划好的：纳粹分子在新泽西州的活动既繁多又猖狂，他们的支持者也比比皆是。我们当时认为格蕾丝的父亲难逃一死，因为当新泽西州重新建立比较稳定的社会秩序后，人们在一处花园空地上发现了三十多具儿童的尸体，他们死于落在这里的一颗炸弹的爆炸。看到这幕惨不忍睹的场景之后，人们变得出奇地愤怒，这使人们把神圣而美丽的宪法及其所赋予每个公民（包括第五纵队的人）应有的权利抛到一边，人们开始到处搜寻之前和纽约的纳粹组织布德有关系的人，找到之后便不分青红皂白予以枪决。对那两天搜捕并杀害的人的确切数目，始终没有比较准确地统计过。但是，卑尔根当地的晚报曾经对这一问题展开过比较详细的研究，他们认为被处决的人数在一百至一百二十之间。

03 我的小册子没人关注

　　我们还是闲话少说，言归正传。前面我已经说过了，那天天气很闷热，空气湿度大到让我几乎不能再忍受下去了。这种情况下，我什么工作也做不成。我花费了整个下午的时间，想给我那本书名叫《我们的奋斗》的小册子写点日后市场宣传用得着的文字。这本小册子是我在1938年从瑞典回来之后写成的。当时，我在那边遇到的事情都令我感到不安和烦躁。在瑞典和芬兰，总是有人会告诉我，希特勒正在和俄国布尔什维克人进行谈判，随时都可能向俄国人妥协。据说，希特勒给俄国人说，如果斯大林答应帮助他攻打波兰，那他将把《我的奋斗》一书中关于俄国和布尔什维克的那些不愉快的想法都删除掉，这样就能保证以后的日子里两国相安无事。还有人告诉我，假如德国发动攻势的话，波兰军队根本没有能力抵抗纳粹的入侵。自从毕苏斯基元帅死后，波兰政府已经完全落入一帮对波兰完全不负责的五流政客手中。他们把协约国给他们的巨额贷款用到了对加强防御没有任何作用的工程和项目上，而剩下的钱款则落入他们自己的腰包中。这些政客对那些能够抵御来自东面威胁的阵地、堡垒和工事完全置之不理，好像他们并不知道周边的安全形势异常严峻一样。

　　所以，当我回到美国，同样看到了我们大多数美国同胞对于危险毫无防范意识，他们对于威胁正在重新降临欧洲毫不知情。不仅是欧洲，这种威胁还可能波及整个世界。绝大多数美美国同胞们相信，"我们这一代"再也不会有战争了。

国人，仍旧相信那个貌似和蔼可亲又值得信赖的张伯伦讲的陈词滥调，他说"我们这一代"再也不会有战争了。他们还天真地认为，希特勒在占领捷克斯洛伐克后，便不会再有任何扩张举动了。我认为，对于国内这种和平主义泛滥的氛围，做最后努力的时机已经迫在眉睫了，有识之士必须让我们的人民对于目前万分危急的时局有正确清晰的认识。但现实中，弥散在大众间的漫不经心让我感到十分不安，于是我在不到十天的时间里便完成了前面提到的那本小册子，它只有一百二十页。当我寻找出版社准备把它印制发行的时候，我再次感到了莫大的失望：没有人注意它，没有人理会它。这本书得以出版发行，仅仅是我一再坚持的结果，发行这本书的出版社并不认为这本书能登上畅销书榜。

04 美国拒绝任何警告

现实证明他们是对的，这本书在当时完全失败了。出乎意料的是，它在德国的销量还不错。显然，有不少德国人已经认识到了这本书的价值。不过，纳粹政府特别照顾我，他们通过了一条新法律：以后在德国不允许销售我的书。而在此前，当我还在丹麦首都哥本哈根的时候，希特勒就想把我杀掉。我的这本作品在德国卖得比较好，而这条法律的实施，一方面使我失掉了德国这个巨大的市场；另一方面也让我在美国对自己的同胞没有什么可以期待的了。美国人不仅沉睡不醒，而且不允许其他人打扰他们的白日美梦。

美国人正热衷于享受棒球带来的快乐，想忘掉关于欧洲的一切！

现在，敌人站在国门之外对我们虎视眈眈，我认为可以把《我们的奋斗》一书拿出来重新宣传一下，至少可以做一番努力。然而出版商却告诉我，大众对此依然是漠不关心的。现在正是棒球热季，大家都想尽情地享受棒球带来的快乐，忘掉关于欧洲的一切！

看着形势一天糟过一天，在感到越来越绝望之余，只能另寻他法：我把自己保存的一本书邮寄给了一家报纸出版公司，并且写信给他们的经理。我写道："希特勒正在敲我们的大门，看在上帝的份上，请想想办法！"他立刻给我回信了，但信中是这样回复的：这样的言论，会使我们的德国籍读者对攻击他们的伟大元首感到异常愤怒，这样一来必然使这部分读者离我们而去，所以我代表报社决定还是采取谨慎的态度为好。目前正确判断形势还是很困难的，能多赚一些钱对每个人来说还是很不错的。

虽然被一家拒绝了，但我并没放弃我的想法。所以在那个可怕的一天中——那个令我十分讨厌的炎热潮湿的一天中——我去了很多家报纸出版公司，我期盼着总会有一家公司的负责人或经理，能认同我所说的并非无稽之谈，我们国家正处于万分危急的状态中，我们必须行动起来，必须马上有所作为。

但是结果总是令我失望。他们要不说"大西洋会保护好我们免受侵犯的"，或者说"希特勒不会再有任何行动了"，或者令人厌恶的老生常谈"看着吧，公理最终会战胜强权的，不用担心了"……

在火车上，伊丽莎白和格蕾丝都注意到了我的沉默不语。我不仅感到疲惫，更感到绝望，因此一言不发。看到她们询问的眼神，我拿出了比尔·威廉斯写给我的信给他们看。两个星期前，比尔去墨西哥度假。整个去年冬天，他一直在电台做广播工作，并且写了一本书叫作《警告美国》。然而美国拒绝任何警告，这使他花费的所有力气和精力都白费了。后来他的医生让他暂时去外面休养几个星期，否则他——他的医生——将不再负责他的健康。于是比尔不得不到墨西哥去了。不过对于比尔来说，那时候只有在墨西哥才能让他接触到一些令他兴奋的事情，因为他总是喜欢站在事情的第一线，他喜欢国际上那些政治家玩弄的各种阴谋诡计，就像在敌人入侵美国之前，我们养的那只叫乔·斯大林的猫十分喜欢吃奶油一样。

这封信是在几天前送到我手中的，邮戳显示它是从尤卡坦的梅里达寄出的。天知道他怎么去那里了，我们都以为他直接去墨西哥城了，预备着报道那里的大选情况。然而，我却有些怀疑，一定是有人警告他不要去墨西哥城。因为像他那样胖的人，实在不应该去像梅里达海拔那么高的地方。

05 一封来自梅里达的信

后来，到达梅里达不久，他就被纳粹分子杀害了。当时他正在打字机前工作，纳粹分子从旅馆外面隔着窗户开枪杀了他。我们再也不可能知道，我们这个可爱的老朋友为什么会到那片大陆的那个偏僻角落去。他的这封信我依然保留着，我要把它抄写在这里，但是有必要删除一些显得很激愤的话语。我这位老朋友，在给朋友们的信件中，凡是遇到令他愤怒的事情就会急不择言。下面便是他在信中的原文：

我亲爱的老友亨德里克，我想我现在终于知道了，当人类处于盲目状态、不辨真相时，是多么地愚蠢啊！这十多天在这里的所见所闻，远远出乎我的预料。整个墨西哥好像是我们新泽西州的翻版一样，每个十字路口都有一个类似布德的组织。许多干瘦而热情高涨的青年男子胳膊上佩戴着卐字十字章，希特勒《我的奋斗》一书被翻译成西班牙语，他们滔滔不绝地诵读那些拙劣的西班牙语译文书。有些营地的旗帜和青年的胳膊上不是卐字章，而是镰刀和锤子，

一封来自梅里达的信。

我想你知道什么意思的，他们大声诵读着马克思和列宁的著作。同时，还有一些人静静地听着，他们看起来一副很陶醉很愉快的样子，尽管这些可怜的印第安人一个字也不认得。

在一处营地中，有三千多名当地人聚集在这里，和其他营地的情况一样，一些小孩、妇女和狗混杂在其中。他们聚精会神地看着一幅巨大的标语，那是当地的迭戈里维拉人写的，标语的内容是：过去的死亡之手仍然像梦魇一样按压在现在还活着的人的头脑之上。天知道在场的人中有几个是有头脑的。谁也不知道这幅标语是怎么回事。旁边就是警察，然而他们只是站在一边，毫不干涉。而我们的人民则在里奥格兰德的另一边，情况和墨西哥这里差不多。我们的同胞也只是站在一边静静地看着，没有一点行动。事实上，除了纳粹组织和布尔什维克分子外，没有人站出来做些什么。与此同时，华盛顿的老爷们正在沉着而安详地讨论着这个半球的防御计划和通商条约。

而事情的另一面，纳粹分子，他们每天二十四小时开足了马力工作。他们似乎不用睡觉似的，我也没见过他们吃东西。他们一天到晚就那么激昂地讲着、说着，而当地人就安静地坐着、听着。我想，就这样，他们以及很多很多其他人后来就这么相信了这些纳粹分子的言论。

然而这只是事情的一方面，而且看起来也不是最重要的。当我离开拉雷多后，最令我吃惊的是，从德国来的和当地的纳粹分子统治墨西哥的那种疾风骤雨般的方式。到处都能看到纳粹分子的身影，他们无处不在。拉雷多的关税工作人员告诉我，这帮纳粹分子就像蝗灾时的蝗虫一样，而且他们总是跃跃欲试地想穿过两国的边界进入美国境内。当受到阻拦时，他们会很愤怒，甚至扬言威胁，说总有一天他们想去哪就去哪，无需任何人的准许和批准，到时候会给这些阻拦他们的人好看。到时只需要上面发放一张印有卐字饰的通行证，他们就相当于有了可以去任何地方的护照，畅行无阻了。

有一个边境检查站工作人员对我说："哦，这并没有引起我们特别的关注，我们一天到晚总是听到各种各样的人说起，其中有墨西哥人、美国人，甚至还有当地土著印第安人。不过这些希特勒的拥护者和支持者都是拿着护照来旅行的，他们的护照显示，他们的职业和工作几乎都是一样的：他们都是科学家。有些科学家是去怀俄明州研究羊虱的，有的科学家是去缅因州采集植物标本、研究沿途植物情况的，特别是沿海岸地区。还有一些是地质学家，他们对一些城市的地质地貌很感兴趣，比如底特律和克利夫兰。所有这些科学家都随身带着照相机，那些相机不但精美，而且很值钱。即使你看到那些科学家的衣服鞋子破烂不堪了，那些相机也能价值一千美元。

　　"虽然我们竭尽全力阻止他们进入，但仍有很多人不断到来，每晚都会有几十个人企图穿越国境线，所以我们每天都忙于追赶这些人。尽管我们可能对这些人的认识有错误之处，他们或许真的是科学家，但他们的行为不得不引起我们的怀疑。我们随时准备各种理由，拒绝他们入境。可是，你相信他们是科学家吗？他们中的一些人竟然有勇气向华盛顿要求进入美国，那些长官们似乎也没有办法了，每个部门都有些官员同情这些所谓的科学家，同意他们其中的一些人进入美国，所以现在我们拒绝这些人入境的决定就不再起作用了。据说，那些部长什么的官员美其名曰这些人是来'研究美国人民的民主生活'的。

　　"研究美国的民主生活！？那真是个笑话！他们看起来就是有组织的人员。我觉得，他们甚至不是间谍。所有间谍工作早已经完成了，他们显然就是有组织地进入我们国家的，来鼓动我们国内的一些同胞去拥护希特勒的统治。除非在华盛顿的高官们立马警醒过来，要不他们现在和将来做的一些事情，将会使我们国家和人民在很长一段时间内难以忘却。"

　　说完这些他就向我道别了，并且祝我好运。"你最好小心一些为妙！"随后他在我身后大喊，"那是一群坏蛋，你要小心了，他们什么事情都能干得出来。"

我问他为什么对我的人身安全这么担心。"哦，是这样，"他回答道，"我突然记起来，前些日子有人从蒙特里打电话来，问威廉斯先生是否已经穿越国境线了。对这样的事情我还是有些经验的，于是我问他是哪里，那边回答他是美国领事馆，他们有几封电报想交给这位威廉斯先生。不过他们的话听起来很可疑，于是过了一会，我们打电话到蒙特里的美国领事馆，可是那天领事馆根本没有人给拉雷多边境站打过电话。这印证了我的猜测。后来我们便开始调查电话的来源，最后得出结果，那个电话来自蒙特里的德国-墨西哥联合会的秘书处。"

当然，即使没有这个好心的边境检查站职员警告我，我现在也开始有些怀疑了。自从我到达这里以后，那些纳粹分子就开始注意我的一举一动了。无论我出现在什么地方，总会有一个看起来呆头呆脑的墨西哥警察跟在我周围，观察我。可是对这样的情况我毫无办法，只能听之任之，就当什么也没看到。况且，再过几天就应该不会有这样的情况出现了，因为我打算在一周之内动身返回美国，除非在那之前，他们把我杀掉。有时候我晚上出门，总会感觉某个路口有些不对劲，可又没有确凿的证据来证明这种感觉。你知道这是种什么状况和感觉，你和我一样从事这个职业已经三十年了，你肯定有时候也会莫名其妙地觉察到周围的不对劲，当你独自一人走进一条黑黑的小道时，最好还是提前小心地查看一番为妙。

现在我要告诉你，我究竟为什么要来到这个恐怖魔洞。我到这里来，是接到了驻韦拉克鲁斯美国领事馆的指示。"在那里你将会看到一些你很感兴趣的事情，"领事馆的人对我说，"也许你早就注意到那边的情况了，墨西哥人近来表现出对于飞行和各种飞行器具极大的热情。如果你选择从坦皮科一路走来，那你一定会为看到墨西哥人现在极其热衷于飞行感到惊讶和好奇，他们对于飞行的热情超出我们的想象。毫不夸张地说，天空中满是飞机。你会相信坐在飞机驾驶室中的是墨西哥人吗？事实上，二十四人中只有一个人的国籍是墨西哥，其余二十三个则是德国。这二十三个德国人都是为了教会这一个墨西哥人如何熟练地驾驶飞机的。当然，飞机上喷涂的是墨西哥的名称。如果你向他们打听飞机属于谁，墨西哥还是德国，他们会毫不犹豫地将购货单拿给你看，证明飞机是他们买来的。但是，目前没有任何人能提供充足的证据来表明墨西哥为这些先进的、闪闪发亮的梅塞施密特战斗机付过哪怕一分钱。话又说回来，购买这些战斗机的墨西哥商业航空公司，买这些梅塞施密特战斗机有什么商业用途呢？显而易见，这件事情是一个巨大的骗局。但现实却是，墨西哥国内现在到处都是这种杀伤力极大的战斗机。关于飞机的确切数目，现在还不得而知。不过我还是听说过一些猜测，其中一个说法是：在一千架到三千架之间。我自己推测大概有一千五百架飞机。这个数目是从八千名德国科学家那里推论出的。他们有的是去玛雅参观古迹遗址的，有的是植物学家，他们去坎佩切的森林研究他们感兴趣的植物。

"此外，还有一个问题：这么多飞机是如何运到墨西哥的呢？答案看起来也是显而易见的。一部分是通过属于日本的运输船舶过来的，一部分是从南美洲和美国到达的。我们驻欧洲的领事官们大概是睡得太熟了。即使到现在，尽管不断有人向他们发出警告，可是领事馆里的那些头头脑脑们还是没有从睡梦中完全清醒过来，他们现在依然一副神志不清的样子。相反，他们对从东欧来的犹太人太过紧张。而对其他任何人都显得漠不关心，不管什么理由都允许他们进入美

飞机是通过运输船舶运过来的。

国。这在纳粹德国已经成了一个天大的笑话。甚至我认识的一些人，在夜总会里他们都会拿这件事情来和我开玩笑。而当时我只能把它作为玩笑，一笑了之，但事后，我不得不开始认真看待这件事，而且向华盛顿方面写了一份关于这个问题的抗议。但令人遗憾的是，华盛顿要么对此不作答复，要么叫我不要对此大惊小怪，他们说那些来自德国的游客都是彬彬有礼毫无恶意的。这真是气死我了！"

我这个领事朋友说得一点也不错，在尤卡坦情况简直是不得了。在梅里达的德国总领事（而德国方面为什么要在这个荒芜贫瘠的地方派驻一个总领事真是令人不得其解），他的下属竟然有一百六十八个人。这样你明白了吧？一个有着一百六十八个职员的领事馆，却在一个十分贫困的墨西哥小镇上。他们把当地大街上两边的房子全部租过去，一天到晚忙碌着。你可以从每一个窗口看到那些德国男女们日夜不停地在小型打字机前打字。毫无疑问，他们并不是在做科学报告！当地旅馆中也住满了这样一些德国人，他们一到晚上便会去当地一户特别有钱的人家。这个人不是一般的富有，以至现在他简直以白人自居了。这个人的财富是在洪都拉斯做不正当的地产交易赚来的。只是后来，英国伯利兹当局让他快点滚蛋，可是他对此置之不理。当局便以逮捕作为威胁，迫使他不得不离开那里。他把自己的财产寄存在纽约的一家信托公司后，便来到了拉雷多，和一个在酒吧中唱德国情歌的女子结婚了。在尤卡坦，不仅有舒曼和雨果·沃尔夫的音乐，还有1920年的舞曲，但这些已经是这个地方最新的音乐了！他还从哈瓦那请来一个著名的建筑师，给他设计并建造了一座石屋，取名为"自由之屋"。在这所所谓的"自由之屋"中，他开始把当地墨西哥人的地产出卖给那些蜂拥而至的纳粹们。他娶了一位白人女子做媳妇，就是前面说到的那个在酒吧中唱歌的女子，对此，他感到异常骄傲。无论他的白人妻子有什么要求，他都照做不误。据说，她其实是戈林众多情妇中的一个，而且她还是一个彻头彻尾的纳粹分子！现在可好了，当地政府几乎变成了她丈夫的。尤卡坦省的长官已经向她的丈夫借走了至少五十万比索。墨西哥很多官员都能从他这里收到数目不菲的贿赂。他经营的餐厅经常有政府高官就餐，而纳粹分子们则在他家中商量并决定政府应该如何行事。

他们的计划中，关于美国的那一部分目前我还没有搞到手，但是我希望能在近期打探出那是怎样一个计划。不过根据目前的形势，我推测纳粹已经在尤卡坦运河沿岸建立了他们的空军基地。你应该知道，运河沿岸是这个世界上为数不多的偏僻寂静而且不引人注目的地方。况且从卡托切角来的古巴人对我们的憎恨，自从他们认为我们把他们从西班牙文明的魅力中驱赶出来之后就没有减弱过。因此，他们的可靠程度与墨索里尼差不多，只要一有合适的机会，他们就会从背后捅我们一刀。就因为这样，德国就可以在这里为所欲为了。

我自己不可能去做类似的侦查工作，我这胖胖的样子，任何人见了都会很难忘记的。于是有一天，我雇用了当地一个很聪明的小孩，让他坐在城外公园的空地上，清点从他头上飞过的飞机数目。他告诉我的数目在一百二十架以上。虽然这中间肯定掺杂了重复的数量，但即便如此，也是个相当惊人的数字。

现在，你还记得吧（NBC电台在两年前因为你公开说过这样的话而向你表示抗议），从尤卡坦或者坦皮科到新奥尔良只需要三个半小时的飞行里程。而到圣路易斯只需要五个半小时的飞行。而一旦战事爆发，在尤卡坦的这些战斗机都将会先飞往坦皮科，坦皮科机场在过去的六个月中整整扩大了三倍，而且都是按照军用机场标准建设的。如果这里的纳粹飞行员人数不够，他们还能很快从巴西的帕拉调派足够的飞行员来补充！保守估计，巴西国内有两百万纳粹分子。当然，基于不同的认识，可以把这两百万人叫作爱国分子或者卖国贼。除此之外，委内瑞拉距离坦皮科也只有十小时的飞行路程，而那里也是众多德国人的聚居地，更不用提纳粹分子了。现在，佛得角群岛和亚速尔群岛也都落入了纳粹德国的掌握中，这样看起来，整个大西洋都在纳粹的统治之下了。

然而我们在美洲现在依然是个中立国。我们中立到步步退让，甚至要讨好每一方的欢心。我们自己的飞行员绝不能干涉亲爱的纳粹分子的飞机，除非他

我们的军舰会全速赶到出事海域,将那些勇敢的纳粹飞行员救起,并负责把他们送到最近的海港。

们的飞机偶尔失事掉落到大海中。就算是这样,我们的军舰还要全速赶到出事海域,将那些勇敢的纳粹飞行员救起,并负责把他们送到最近的海港,还让他们向德国领事馆通报情况,而领事馆则立马向柏林报告我们军队的这些具体情况。

所以,我亲爱的老朋友亨德里克,正如你也在担心的,潜伏在我们身边的这些危险不久之后就将全面爆发了。一方面,老奸巨猾的纳粹们谨慎地计划着,明目张胆并且日以继夜地准备着。而在我们国内,老眼昏花的混蛋政客们,意气用事的感情主义者,还不成熟的男女议员们,他们这一帮人撺掇了白宫政务,他们专门给美国总统帮倒忙、喝倒彩。你和我,还有比尔·怀特、鲍勃·舍伍德,还有其他几个人,面对这样的情况,我们的脑子大概坏掉了,我们面对的是纳粹分子和我们还不警觉的同胞们无休止的欢呼,他们知道我们对此毫无办法。我们同胞们对我们的警告和劝说理都不理,更别指望他们来帮我们哪怕一个手指头的忙了。每每想到这些情况,我都绝望得很。

昨晚,我们在这里的副领事又提醒我一定要注意安全。他说这些人什么都能干得出来，他们只要花半块钱就能把我杀掉——这比在纽约便宜一些。在纽约，杜威已经把除掉我的价钱提高到了这个价钱的十倍。

没有关系，或许有一天他们真的会杀掉我，所以我必须更加小心，提高警惕。现在我托领事馆的一个职员把这封信带给你，他正好要去得克萨斯州度假。代我向你家中所有人问好！告诉艾丽丝，我大概在十天左右就能结束公差回到家中。到时我会告诉你更多让你听了之后毛骨悚然的事情。还有，代我向吉米问好！

你亲爱的朋友：比尔

这是我从可怜的比尔·威廉斯那里收到的最后一封信。肯定是可恶的纳粹分子将他杀害了，但是迄今为止，我还是不能获知任何一点这件事情的细节。而且，比尔的尸体也没有找到，我们现在所知道的所有事情，不是从这封信中看到的就是从当地警察局局长口中得知的。当美国海军占领尤卡坦后，曾经为纳粹服务的警察局局长想以此来讨好我们。从我们掌握的情报来看，这个人一向是个奸险狡诈之辈，过去三年中，他一直拿着纳粹分子给的钱财。我们海军陆战队的一名军官威逼他，说如果他不如实招供那就把他杀了。这个警长才不得不说出了他所知道的。他说比尔是被当地的一个歹徒枪杀的，甚至他还知道那名歹徒获得的报酬：整整两美元！

伊丽莎白看完信后把它还给了我，格蕾丝也想拿去看看，但是我最终没让她看。我觉得她这样一位钢琴家最好还是不要涉及这种类似战争中发生的任何事情为好，以免打扰她的心境，破坏她身上的艺术情感。但事实上，我这种想法是错误的，那是在几天之后我才明白过来的。

06 不要让美国卷入战争的旋涡

在旅途的最后十分钟，我像以前坐火车一样，睡着了。当火车到达格林威治时，她们把我叫醒，吉米正等候在车站准备迎接我。当然，他并不知道伊丽莎白和格蕾丝也一块来了。弗里茨和艾达已经前往哈得孙营地度假了，他们的这个假期一年只有一次，所以肯定要好好享受一番。吉米是自己开着车来火车站的。当我们乘坐的汽车拐进滨海大道时，看见前面的一辆汽车后部张贴了一张巨大的广告画，上面写着："不要让美国卷入战争的旋涡！"离我们最近的美国同胞，绝大部分仍然抱着这样的想法。他们依旧信赖似乎神奇的大西洋，还有我国向来遇到危险便会转危为安的好运气。因此，坚决主张现在就应该行动起来的人在这里基本没有人认同，所有的警告都无济于事。可是好运气总有用完的一天。几个小时之后，他们便得到了现实的答复。当然，除了那些已经死了的人，因为不管怎样，都已经和他们没有任何关系了。而依旧活着的人，同样为自己曾经的态度付出了或多或少的代价。

那天晚上我们吃了一顿冷饭。弗里茨和艾达已经在早上去享受他们一年一次的假期了，不过他们总是那么体贴和细心：他们在冷藏箱里放了许多生菜和适合这样闷热天气吃的食物。吉米还泡了一壶他最拿手的冰茶给我们。可是我们每个人都不怎么饿。而我，则没什么食欲。在我离家这几天中，寄到家中给我的邮件并不多。其中有我的代理人寄来的一封信，说有三家杂志社已经拒绝刊登我关于美国正处于危险之中的近作。有一家杂志社的编辑在把我的作品退回时还附了一张信笺，上面很客气地写道：对于刊登这样的文章，我们感觉不太合适，说不定会引起国内各个人种之间的舆论混战，那样就糟了。况且美国距离欧洲实在太远了，又有大西洋阻隔，不会有什么危险，请你们放心好了。对于被拒绝的结果，我现在除了失望之外，倒也能坦然接受了。

07 幸运无时不在

晚饭之后，我们到门口坐着乘凉，我一边抽烟一边和他们聊天。我知道我的心情低落到了极点，再也没有哪天的心情比这晚更差了。我想尽各种办法，试图唤起美国同胞们的警觉，可现在看起来，我的行动是在浪费精力和时间。我想起有这样一个传说，说希特勒能够释放一种神秘的毒气，凡是闻到毒气的人都会丧失意志力，脑子运转不再正常。对于这种无稽的传说，我现在甚至都有点觉得有一定的道理了，要不为什么大家都毫不担心呢？不管我们怎么劝说邻居们，不管我们拿出怎样可靠的证据给他们看，他们都会爱搭不理地说起民主政体和民权法案来，还有什么伏尔泰说过，别人有权发表他们自己的看法（但是伏尔泰所指的并非现在这样）。之后，他们就继续玩桥牌或者棒球，并且讨论小苏西应该在秋季开学前把她的门牙修补好。

所以当吉米说今晚在皮克威克·希特将会上映一部沃尔特·迪士尼的新卡通片，并且想叫我陪他一同去看时，我回答道："不，我不想去，谢谢邀请！"我现在哪儿也不想去，就想静静地坐在家中，抽几口烟，其他什么事情也不做。更不想再强迫自己做什么事情，或者打上领带再去趟格林威治了。天气实在太热了，我现在真是太疲倦了，一动也不想动。

常年养成的习惯让我打开收音机，开始收听八点开始的新闻报道。照例还是来自华盛顿方面的争论，每个所谓的国会议员都想做那个"挽救战争危局的伟人"，企图给世界和平。真是可笑啊！又有一个消息，说波士顿方面收到了两条来自海轮的求救信息，据说来自百慕大海域附近的轮船。

还有一条新闻，最高法院在那天下午已经将新泽西州政府控告舒尔特一案（这是一件与纳粹组织布德经营的野营地有关的案件）做出宣判，当时在法庭上宣读了一条法条：在非常时期，个人的言论自由应该得到特别的保障和支持。

在这桩诉讼案件中，被告海因里希·舒尔特公然指责美国政府对交战国的态度与当初意大利的态度并无区别。他说如果意大利是一头秃鹫的话，那美国现在看起来也是相同的模样。很显然，他这样的言论自然有失礼数。

但是根据美国法律的规定，失了礼数并不等于犯罪，所以舒尔特和他的布德同党们对美国的态度不管怎样，他们喜欢怎么表达都是可以的。而且，尽管舒尔特不是美国公民，但还是不能因此给他定罪。因为在美国法律中，

在美国法律中，关于言论自由的条文对美国公民和非美国公民是一视同仁的。

关于言论自由的条文对美国公民和非美国公民是一视同仁的。我所收听的电台节目是哈特福德当地一家小广播电台的新闻。最后的一条新闻说，伊丽莎白·格利·弗林将在新纳文向广大青年群众做一场演说。汉塞尔听到了，他大喊了一句。

"青年大会，"他喊道，"吉米常说我们国内那些和平主义者和布尔什维克人都是犹太人。他应该去参观一下我们在新英格兰的那些大学，之后他就会清楚地了解一些实情。那些大学里的学生一般都来自富贵人家，而且他们都赤化到了我们难以想象的地步！但是报纸上仍然刊登这些富家子弟的照片，大肆宣传他们，甚至有教授说他们是怎样的好人！可是实际情况是怎样的呢？我知道很多犹太人也有和我一样的感想，那些富家子们实在太懒了，他们中间很少有人愿意去工作，可是什么事情都想按照他们自己的想法进行，其他人说的都是错误的。他们最讨厌的一件事，就是很可能从现在开始，他们需要和其他人一样工作，才能过正常的日子。他们肯定很难适应需要天天工作的日子。"

吉米并没有往下接这个话题。我想，在这个问题上，恐怕他是有相当大偏见的。他是在格林威治的乡下长大的，这些年大部分时间也生活在乡村中，而且他认识不少名不副实的布尔什维克分子，那些人总装腔作势，喜欢高谈阔论，描绘未来光明世界的样子。他们总是说，到那时候，人们根本不是现在这个样子生活，到时候不需要给杂货铺付账，也不用给面包店付钱。在他眼中，布尔什维克人是一群老掉牙的破败诗人，或是一群污秽不堪的粗人，他们穿着拖鞋的祖宗则是东方人的女子。好一个吉米啊！他从没有留心过我们社会中关于现代"社会"的文学作品。他总是迫不及待地在二十四小时之内将账单付清。就因为这样，那群激进分子十分讨厌他，但是杂货店和面包店的老板却认为他是很好的，因为他付账比谁都及时。或许现在想象的——最终看来——将是一个比较不错的社会制度。

　　经过一番商量，接近八点的时候，吉米、伊丽莎白和格蕾丝就结伴去电影院了，他们说好了在去的路上把沃尔特·库姆派尔也一块接上。沃尔特的妻子琳达和孩子们去长岛探访朋友，已经去了几天了，所以沃尔特这几天大部分时间都和我们在一起。不过那天晚上他是回自己家吃的晚饭。我们都知道，他喜欢看电影，况且他还会在夜晚驾驶汽车，开夜车正是吉米所讨厌的。不过，后来的事情证明，那天晚上当他们驾车离家开始逃难之后，正是沃尔特在黑夜中的驾驶技术娴熟并且迅速无误，才救了吉米等人。我不得不说，幸运其实无时不在。

 # 08 怪异的红光

在庭院中坐着抽了几根卷烟后，出于习惯，我回到屋中的书桌旁边，想做一些工作。坐在那儿实在无聊得很。几个月前，当我正打算写完《约翰·赛巴斯蒂安·巴赫传》一书时，埃尔默·戴维斯打电话来，告诉我纳粹德国的伞兵已经在我故乡的各处空降了，荷兰眼看就要被希特勒占领了。他要我立刻动身前往纽约，到那里帮助哥伦比亚电台接收一些发自阿姆斯特丹和鹿特丹的前线最新消息，也能更快知道我家乡的最新情况。从那天开始，虽然巴赫快要死了，但是我无暇关心，让他去死并把他好好埋葬，因为战争降临到了我的家乡。当坐在庭院中抽烟的时候，我决定将这本书写完，因为格蕾丝负责的那一部分早就完稿了，如果这本书想要在圣诞之前出版，那么现在就应该拿去准备印刷了，可是我负责的部分尚未结束。所以我打开了桌子上放着的斯皮塔写的《巴赫传》第三卷，它是我写作的参考书之一。当我翻到书的最后一章时，偶然间我抬起头，从书房的窗户中看出去，陶德角的方向上空出现了一片奇异而强烈的红光。

这本来没什么大惊小怪的，因为陶德角附近便是一大片港湾，海面上经常出现种种海水奇异的反应，其中就有红光泛滥，而且能从纽约一直传到我们这里来。但是今晚的红光比往常强烈得多，于是我把汉塞尔叫过来，他当时正在自己的房间中忙着搞他的设计图。我问他："我从窗户中看到那边的天空

我们对探照灯的光芒习以为常。

有一片红光，你看到了吗？"

"我也看到那片红光了，"他回答道，"看起来真的有些奇怪，可能有人在那附近的展览馆中举行什么集会吧——他们一时激动或者出于集会需要，燃放了一些平时很少见到的焰火。"

有一点我是清楚地知道的，要从陶德角的某一棵树看过去的光，才是从法拉盛发出的光亮。所以我可以判定，今晚红光出现的方位有些偏右，并不是汉塞尔推断的那种情况。

"也许是舰队进港了，"汉塞尔看我没有回话，继续说道，"也许舰队正在让滨河大道上的姑娘们见识见识他们的探照灯吧。"

军舰上探照灯的灯光，我也是了解的。我们曾经在卢卡斯角居住过三年，那时候我们对探照灯的光芒习以为常，我们在陶德角的老房子后面有一片树丛，经常有探照灯的灯光从树丛上面照射过来。因此我又可以断定，这红光绝不是舰队发出的。况且，那天早报上有一条新闻，说停靠在那个港口的舰队已经出海去了，至于目的地，报纸说当局不知道出于什么原因并没有公布。说不定他们的目的地是加勒比地区或者特立尼达。不过，早报上的这条新闻有些令人生疑，因为特立尼达离委内瑞拉不过几里路程。在过去几个星期中，种种消息从库拉索岛传来，其中有第五纵队在这座城市活动频繁的消息，也有诸如当地航空公司的几个职员曾被荷兰当局逮捕的其他消息。

所以，综合看来，那片红光不是我们军队制造的，至少根据报纸的说法，他们正远在千里之外呢。于是我说："哦，可能是切斯特港和新罗谢尔之间的某个地方失火了吧。"为了验证我的推测，我顺手打开了放在书桌上的收音机，调到纽约公共电台，平常有什么特别的事情，我总是喜欢收听这个电台的报道。然而令我吃惊的是，这个纽约电台竟然毫无动静。这可就奇怪了。不过我很快安慰自己，其实这也是很正常的，也许是电台的发电机坏了，也可能是什么地方出了问题，只是暂时停播一段时间罢了。为了再次证实我的想法，我又调台到美国全国广播公司电台，然后又调到哥伦比亚广播公司电台。

所有电台都没有声音！

我又将频道调至WOR电台，以及位于纽瓦克的一家电台，也都没有一丝声音！

我再试着调至纽约电台，同样没有一丁点声音。

我有些着急，忙着调收音机的仪表盘，在各大电台之间换来换去，倒是有几次收到了一些音乐类的电台节目，我希望收听到的电台还是一点声音没有。我试了好几遍，情况还是这样。从那些音乐节目播放的音乐来推断，它们不过是新英格兰当地的一些小电台。

我抬头看了看书架上的时钟，时间正好是九点刚过五分。我还要等十分钟才能知道那些电台的具体名称，九点一刻时电台会报时的。于是我决定继续赶写《巴赫传》的书稿，这本书应该尽快完成。

当我坐下去之后又抬头看了看窗外的天空。这时，纽约上空已经一大片红光了，似乎整座城市都在燃烧。我决定打电话给我的儿子威廉，那边有什么情况他总该清楚的，他所在的地方离那片红光应该挺近的。我拨出电话让话务员帮我接长途电话，然而位于斯坦福的女接线员很抱歉地说，在最近二十分钟内，他们无法将电话接进纽约，让我待会再打。我又让她把电话接到当地的电话局经理处，想问清楚这是怎么回事。经理对此也感到很抱歉，但是对这种情况是怎么回事，他也不太清楚。他解释说，大约在八点五十分时，他们负责的电话线路突然断了，他们也不知道为什么会发生这样的故障，所以请我耐心等待一会儿。经理还说，他们现在还能将电话接到新罗谢尔，并且通知了那里的工作人员线路中断的故障，那里的电话分局已经着手调查此事，不过目前为止还没有什么线索，他们猜测可能是中途某地发生了大火，导致线路中断了。

"大火？！"我说道，"我说先生，你有没有看到天空上的红光呢？那看起来好像整个纽约都在燃烧！"

经理说他并没有从窗户向外看，不过现在就要去看看天上的情况怎么样了。他说如果得到什么最新的情况，会及时通知我的。于是我挂了电话。

09 一个神秘的电话

挂了电话我又看向了窗外，这时，整个天空已经一片通红了。我走进汉塞尔的房间，对他说："儿子，可能是一场大火灾，很多地方遇到了和我们一样的麻烦。可是儿子，我怎么感觉很害怕呢？我们一起开车去波斯特路，到那儿看看到底是怎么回事吧，在那里或许能看得清楚一些。我可以给吉米留个便条，告诉他我们去了哪里。这只需要几秒钟的时间，你快去把汽车开出来，我们马上上路吧。"

"好的，我这就去。"他回答道。正在这时，电话响了，我立马顺手抓起话筒，"你好，请问找谁？"我问。可是，我听不出对方的声音，于是问他是谁。

"别管我是谁，"这个我不熟悉的声音说话了，"总之你不会知道我是谁的。不过我是认识你的，先生。我在波斯特路上开了一家小餐馆。今年春天的一个晚上，你和几个青年男子——我猜想他们是你的儿子——一起到我店里来吃过炒蛋。当时我的两个孩子也在那里。我妻子生病了，孩子没人看管，我不得不把他们都带到了我的小店中。你和我的孩子们聊天，给他们讲故事；还花了半个小时给他们画画。还记得吗，先生？可能你已经忘记了，不过我是不会忘记的。现在，老哥，你要仔细听着，因为我现在不方便打电话，只能这样小声地给你慢慢说了。

　　"大约十分钟之前，有八个成年男子坐着两辆大汽车来到我店里。他们点了很多菜，还有很多啤酒——很多很多啤酒。开始我并未在意，可是后来，他们开始在屋中胡乱抛掷东西，我才开始注意他们，开始我怕他们砸坏我店中的东西。我发现他们腰间的衣服都鼓了出来，那看起来并不像是瓶啤酒。于是我开了一桶啤酒给他们，让他们自斟自饮。他们看起来很高兴的样子，还一起干了一杯表示庆祝，庆祝时这些人说了很多话，其中还提到了你的名字——祝贺你快些死掉！

　　"真的！我知道你的名字，你让我确实很难忘却。除了你来我店里吃饭之外，还有个警察曾经跟我聊起过关于你的种种事情，并且说过你现在住在什么地方。所以我现在才能找到你，给你打这个电话。不过我必须赶快把事情说完。

▲　电话线路损坏了。

　　"那些人就在我的店中，所以我不能在店里打电话给你，那样他们肯定会起疑心的。我借口说店中的香肠没有了，要到马路对面的肉店买一些。我现在就在这家肉店中。现在你一定要小心听着，先生！

　　"听到现在，你肯定知道这件事情的利害关系了。也不必害怕先生，你现在必须立刻离开你住的地方，恐怕今晚会有什么不利于你的事情发生在你家中，我想他们这帮人要去你家里捣乱了。虽然我不知道是什么事情，但肯定会有事情发生的，噢不，可能不只是捣乱这么简单，所以你一定要尽快逃走。我会多给他们啤酒喝的，这样你大约有半个小时的时间准备逃走，等你逃走了……不好，那些家伙似乎正在找我，我必须回店里了，要是他们开始怀疑我就坏了。再会吧，亲爱的朋友！既然现在你知道事情已经这么紧急了，那就快些逃命去吧！祝你好运，先生！"

10 向警方求助

　　这是我通过电话接到的最奇怪的一个消息，当然也是一个很坏的消息。我的第一反应告诉我，这是一个笑话，一定是哪个老朋友很久没见了，想出这个办法逗逗我。不过仔细想想，这看起来又不像笑话。他说的情况的确很严重，越想我越感到害怕。我又拿起电话打到警察局，接电话的是值班警察。我把刚才电话的内容简单向他说了一遍——有人给我打电话并且告诉我，我们如果继续待在家里就将会有人身危险，叫我快些逃命。我问警察，我该怎样做才好呢？难道我要待在家中，过一会儿一辆警车开过来看看我是否已经死在家里了吗？我自己都觉得这样的想法很可笑。

　　"没错！"值班警察对我说，"我也感觉到很多地方不对劲了。大概十分钟之前，我们接到上面的命令，让我们这里的全体警察乘坐汽车赶快开往州界处和其他地方的警察集结，等待任务。"

　　"这样啊，"我回答道，对于听到这个消息我没有一点儿高兴的心情。"但是我该怎么办呢？如果打电话来的那个人所说的都是真的，那显然是纳粹分子的行动。几个布德组织的人正想替希特勒帮个忙把我除掉。他说他们会到我家里来杀我，我现在就在家里，而且一点自我保护能力都没有。几个月前，我曾经向你们警局要一张手枪执照，却被告知就算我有枪也只会打伤我自己。假如那几个人真的要来杀我，我该怎么办呢？

他们既然想杀我，肯定是有枪的，打电话的人看到他们腰间有突起物了，很可能就是枪，他们那种人肯定不会麻烦你们办理枪支许可证的。如果我拿一根火棒去抵抗，肯定会被他们打得满身窟窿的。我到底应该怎么办呢，警察先生？"

"先生，"值班警察对我说，"说实话，我也不知道这都是怎么回事。至于你该怎么办，如果我是你的话，我会选择离家逃走的，哪怕只是出去躲避几个小时呢，结果可能就完全改变了。你可以去斯坦福的罗杰·史密斯或者其他地方待一会儿，要几杯啤酒喝一下，等我们查明这件事情的原委，把事情处理妥当了——不管是什么事情——到时你就可以放心回家了，就用不着像现在这么惶恐了。这看起来像是几个纳粹青年野性发作，想放几枪捣捣乱。如果真的是这样，我们肯定会把他们抓起来的，说出杀人的话可不是什么好人。最后我还是要给你一点忠告，最好把家门锁好，开车出去随便找地方兜一圈吧。这样我们双方都会很好，你不必担心在家中遭到枪杀，我们也可以避免真出事情了承担相应的罪责，上面也不会骂我们了。"

我对这个警察的建议表示感谢，不过我对弃家逃跑心有不甘，所以还是加上了一句话："你是知道的，这样做可不是一个英雄的所作

警察劝我把门锁好，开车出去兜一圈。

所为啊！"

他立马对我说："我说先生，你要做英雄的话还是等到下次发生对你有利的事情再做吧。今晚可能要发生的事情可不是开玩笑的，性命攸关，你还是尽快从家中离开吧。"

挂了电话，我回头问汉塞尔："你听到他说什么了吗？"

"听到了。"他回答我。

"那你觉得我们是应该离开呢还是应该继续待在家里呢？"

"当然是快点离开了！"他不假思索地说。

"那好吧，就听你的，我们马上就离开这里。可是，吉米他们怎么办呢？我祈祷上帝能告诉我们，我们应该去哪里能找到他！"

意想不到的是，我的祷告立即起了作用：吉米从门外走了进来，其余几个人跟在他身后也进来了。

"今天根本没有迪士尼的卡通片，"他抱怨道，"影院放的片子一点也不好看！"

"今天的电影真是糟糕透了！"伊丽莎白接着说道，对今晚看的电影，她显然相当失望。

11 仓皇离家

　　沃尔特注意到我把汉塞尔、吉米和我自己的几件衣服放到楼下的沙发上，于是就问："发生什么事情了？你打算搬家吗？"他带着些许调侃。

　　"是的！听我说，我们所有人必须暂时离开这里，立刻就走！听着，我只有一分钟的时间给你们解释。你们从电影院出来之后有没有注意过天空？"

　　他们都说没抬头看过，他们回来的路上一直在讨论刚才的电影，他们不明白为什么这么粗制滥造的电影还有人要制作播放呢，所以他们抱怨了一路。

　　我抬头又看了看窗外的天空说："那好吧，你们自己看看吧。"

　　他们随着我的目光望了出去。

　　"我的天哪！"伊丽莎白惊叫道，"纽约一定是发生大火了！"

　　"我必须马上给我妈妈打电话，"格蕾丝低声说道，"她现在肯定在为我的生死担忧着呢。"

　　"不用打了，没有用的，"我用平静的语气告诉她，"通向纽约方向的电话现在打不通了，不仅如此，电报也发不过

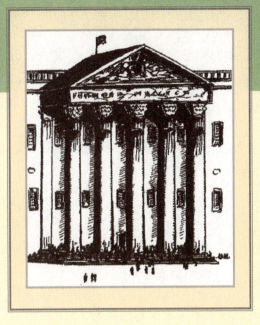

我早上在银行取了五十块钱。

去，在纽约的那几家大电台现在也收听不到了。所以，现在你们应该做的是听我的话。据我所知，现在有些事情很不对劲，而且相当不对劲。吉米，你带他们两个人先走，立刻动身！路上一定要小心，记得凡事多个心眼。哦对了，别忘了带着努豆和我那把最好的小提琴，说不定到时候能用得上，省得我们还得去济贫院待着。你们走肖尔路，经过斯坦福的时候记得把汽车的油箱加满，以后就别停下来加油了。我要你们前往佛蒙特，去那里找珍妮特。她会找到一个相对安全的地方安顿你们的。我们随后就会赶过去的，但是路上千万别等着我们。我知道你非常讨厌在晚上开车，但是这一次必须得这样了，没有办法了。你们马上就走，我们明天早上在多塞特汇合。记得，路上开车注意安全！我希望再次见到你们的时候你们都完好无损！"

说到这里，沃尔特打断了我的话。"放心吧，她们会没事的，我来开车，"他说道，"不过我必须先回家一趟，我自己在家，我必须回家接上我的狗塔尔斯，然后我再开车带着他们离开。我来开车你就不必担心了。"

"好极了！"我们都叫了起来。我们知道吉米晚上驾驶很不安全，因为他的眼睛在晚上看不清远处的东西，那样容易出交通事故。我们看着他们三个人带着小努豆一起上车，然后车子启动，消失在我们的视线中。

"安排好他们了，现在，"看着他们消失的影子，我对汉塞尔说，"我们也马上离开吧。你身上还有钱吗？"

"我只有两块钱。"汉塞尔摸摸口袋说。

"哦，幸好我早上在银行还取了五十块钱。这样至少我们还有钱能把车子加满汽油，否则开不到目的地了。家里的门你都锁好了吗？"

"锁好了。"刚才我们说话的时候汉塞尔将家里的门都锁好了。

"那我们快走吧。不过我感觉就这么逃走，真是很不舒服啊！"

"都这个时候了，就别这么想了，爸爸，"我的儿子对我说，"你再看看那边的天空。"

我扭头望去，现在纽约上空的红光大概是我目前为止见到的最可怕的事情了。甚至位于陶德角的树丛上空都满是红光了。从纽约的方向，一股还不太明显的黑烟，慢慢升腾起来。

"我们顺便去通知卢卡斯一家人吧。"当汉塞尔发动了我们那辆破旧的汽车时，我对他说。

"我看不必。如果那帮人真的是纳粹分子的话，他们跟卢卡斯一家人又没有仇恨，不会对他们怎么样的。埃德温可从没有写书抨击过希特勒啊。他们一直注意的就是你了，爸爸，你说的话他们可是记恨在心啊。我看现在我们还是快点逃跑吧。"说完这句话，汉塞尔驾驶汽车出发了。

12 惊险的瞬间

　　回想往昔，我认为自己过的生活还是比较有色彩的，我曾经历过一些相当奇特的事情——大火、洪水、沉船和战争。但是，现在我所经历的事情——接到莫名其妙的电话和离家逃跑——是我自己感觉最无稽和荒唐的。这种感觉在我们的汽车转过弯、背对着纽约上空的红光时更加明显了：似乎一切都恢复了常态。邻居家的狗皮特正跟着它的小主人散步。像往常的傍晚一样，卢卡斯家的狗约克正不停地叫着，它用爪子刨着地面，时刻准备着进攻入侵它家花园的敌人。在马路另一边，我们依然能看见牡蛎湾的灯光闪烁着，海港中的各种船舶也如平时一样来来往往。潮水已经退去，眨眼的星星闪现在苍穹之中。这眼前的一切，是那么的祥和宁静。而我们，却无心欣赏，只因我们是在逃命。我和汉塞尔坐在破旧的福特汽车中，以每小时五十里的速度疾驰着。而这一切，都是因为一个在波斯特路上开小餐馆的人打电话来，告诉我应该马上离家逃命，否则将可能有生命危险。我转过头对汉塞尔说："儿子，我看我们应该好好考虑一下，是不是应该掉头回家呢。你不认为我们都发疯了吗？我看整件事都是假的！你不觉得吗？"

　　汉塞尔稍微回头一瞥，车子随即颤动了一下，不过马上恢复正常。我知道他的驾驶技术很好，他开车没什么好担心的，我很好奇为什么刚才他会有那样的反应。他马上开口说道："你回头看看，就知道我们是应该加快速度还是要掉头回家了！"

就在这个时候，我们的汽车行驶到了大路转弯马上要驶离海湾的地方，一辆汽车以大约每小时六十里的速度向我们开过来。

"这帮狗娘养的！"我的儿子相当愤怒地骂了一句。他待在佛蒙特的时间比较多，所以平时欠缺礼貌，有时候说起话来口无遮拦。这种情况下，他出于本能踩大了油门，车速瞬间提高了不少。与此同时，我们听到的是那辆汽车急刹车时轮胎和地面摩擦，产生的震耳欲聋的尖锐声音。紧接着——砰的一声——一颗子弹从我们两人头顶的中间穿过去，打碎了卡车的前挡风玻璃。

"真是糟糕的枪法！"汉塞尔这时候还有心开玩笑，"当心点，他们还会向我们射击的！"

这时，我们的汽车差不多开到了马路的中间位置。我从眼角看到马路

一辆载满人的汽车冲出来。

对面是一群黑人，他们看起来像是在享受星期天的休息，正在等候开往斯坦福的汽车。

很快，汉塞尔的话得到了应验。一辆载满人的汽车从路边的村中飞快地开出来，并且先于我们几秒钟到达了路中心的位置。驾车的人看到我们的汽车开过来，突然想把汽车刹住，可是他刹车太急而且技术又不好，所以车内的人都因为急刹车造成的惯性从座位上抛了起来，我们看见他们的脑袋撞到了一起，或者撞到了前面的东西，好像还能听见他们因为疼痛在车里咒骂的声音。

不过，其中有一个人很快缓过劲来。他纵身从车中跳下来。这辆车是警察平时用来镇压群众暴动的敞篷车，鬼知道他们是怎么从警察那儿弄到这辆车的！肯定不是偷来的，如果是偷的，这么大一个家伙早就被发现了。跳下车的那个人立刻跑到路中间，举起手中的枪对着我们！

当时的情况真是千钧一发，那几秒钟的情况到底是怎么样的我现在还不清楚。根据事后我能回忆起来的，事情大约就是这样了，当然，这些都是发生在几秒钟之内的，也许是我弄错了。不过根据我的记忆，事情大概就是这样子：当时那个人跳下车时，他们的汽车并没有完全停下，所以那一刻他站立的并不稳当。而且他还想把那支看起来很沉的机枪举起来瞄准我射击（枪是从电影里看过的手提机关枪），这就让他的站立看起来更加不稳了，甚至有些摇摇晃晃。

当他扣动扳机时，子弹都射向了我们汽车右面的马路上，我们毫发无损！接着，根据我所保留的记忆（我必须再说一遍，这一连串的事情只发生在刹那之间），我的儿子——他从小就学会了驾驶汽车而且技术很棒——他巧妙地把我们的汽车当作反击武器。他开着我们这辆福特卡车撞向那个手拿机关枪的人，但是并没有按照常规直冲着人撞去，而是撞向了那个家伙身体的一边，因此把他撞到了他自己的车子前面。此时那辆汽车并没因为刚才的急刹车完全停下来，依然以每小时五六十里的速度前进着。为避免将自己的人碾死，驾车的歹徒猛打了几下方向盘，汽车随即向右面拐去。这样虽然避免了轧死人，可是汽车却正好撞向了路边的一块大石头。虽然车子速度不快，但这猛然一撞，破坏力还是很惊人的：汽车向一边冲去，前轮的轴承因为猛烈撞到大石头上断了，汽车也因此慢慢停了下来。车上的人又一次遭受了突然的颠簸。当我回头看的时候，那辆车好像一头大象跪在地上，等待人们把重物放在它背上一样。

就是这样，意想不到的幸运救了我们两个人的性命。不过当时第一辆汽车已经调过头来，以最快的速度从后面追上来了。可是，它的速度太快，而那辆大车又很突然地向路边拐去，所以对他们来说很不幸的事情发生了：小汽车撞到了他们同伴的那辆大车（那头跪着的"大象"）身上。当时汽车的速度那么快，这一撞声音惊人，而且破坏力也惊人。不过看起来似乎没有人受伤，因为在我们的汽车转弯时我向后看，他们都从车上下来，站在马路中间开始叫嚷。就在这时，我听到了警笛声从左后方传来，接着是警车出现在视线中，他们也是以最快的速度疾驰而来。紧接着，我记着又是几声枪响，不过我们已经离交火地点越来越远，看不到后来事情的发展，所以不知道后来到底发生了什么。

13 想袭击我的纳粹分子被消灭

　　几个星期之后，我才获得了关于这件事比较详细的信息。据说，当时格林威治的警察接到了无线电通知，让他们派人到卢卡斯角去调查一件所谓的"家庭纠纷"（这是警察局的记录簿上记载的，他们就把我当时打电话询问他们我该怎么办的紧急情况称为家庭纠纷），当时我看到的那辆警车就是前去我家调查的。没想到竟然误打误撞地救了我们，不过令人遗憾的是，他们一赶到出事现场，就遭到了第五纵队猛烈的攻击，两名警察当场毙命，毕竟敌我人数相差很大。那辆无人驾驶的警车不受控制地撞向了纳粹分子开的两辆汽车——那辆跪在地上的"大象"和那辆还算完好的小车——并且给它们造成了严重的损坏，三辆车当时都不能再开了。幸好这样，要不他们还能开车继续追赶我们。

　　那些纳粹分子，经过事后调查，他们是从纽约来的，的确属于布德组织。眼看汽车无法再用，我们又驾车逃走了，他们只能无功而返，徒步走回格林威治了。只不过连续的枪声、喊叫声和警笛声已经惊动了大路两边的居民，有人很快打电话给警察局报告这里发生的事情。显然，斯坦福的纳粹分子在准备这次袭击的时候有些疏忽大意了，他们没有切断格林威治的电话线，所以居民能打电话到警察局报案。可能他们认为会一击中的，不需要其他准备。

恰巧那时有一卡车的警察从斯坦福途经格林威治。在接到报警后，这一车警察立刻向出事地点赶去。只不过他们赶到的时候纳粹分子已经跑掉了，他们只看到三辆已经严重损坏的汽车和那两个身上很多枪伤的警察尸体，所以虽然警察人数众多，但并没有很快弄清楚到底怎么了。这时候路边的居民起到了关键作用，他们看到那些布德分子逃走的路线并且报告了赶来的警察：他们是穿过大路左边的田地逃走的，从方向上判断，他们可能逃向老格林威治的火车站，或者波斯特路去了。

这些州属警察到达现场后，只看到他们同伴的尸体，这让他们无比愤怒，于是决定马上追捕那帮杀人越货的纳粹分子。根据附近居民的目击，警察很快发现了那帮歹徒的踪迹。因为在波斯特路开小餐馆的那个人说过的，他会给这帮人很多啤酒喝，所以这帮人喝多了之后脚下变得不太听使唤了。再加上他们对这一带的道路情况不太熟悉，所以没跑出去多远就迷路了。当发现后面有人追上来的时候，他们急忙躲入路边一间小木屋中，并且将木屋的主人赶了出来，屋里只有一对老年农民夫妇。这帮歹徒企图借木屋武装抵抗警察的包围。后来便发生了枪战。从枪战的交火情况可以看出，这些人显然是训练有素的。他们在州警察的包围中，坚持了几个小时之久，并且重伤了两个州警察。同伴受伤彻底激发了警察们的斗志，他们都想非把这帮人一网打尽不可！一个警察躲在一棵树后面，在小心翼翼地躲过纳粹的子弹后，终于带着一桶汽油成功地到了木屋门口，他很快将木屋点燃。小木屋就像一盒火柴似的猛烈燃烧起来。眼看就要被烧死了，最后关头，屋里的纳粹分子们决定冲杀出来。这正是警察们想要的结果，他们早就做好了准备，只等屋里的人冲出来好将他们全部铲除。结果可想而知，冲出来的纳粹分子全部成为警察的枪下鬼。

14 他们对我的评价

　　警察们打电话给消防队，让他们快来救火。警察则着手处理这帮歹徒。在搜查他们尸体的时候，从这些人的衣服口袋中发现了大量纸张和小册子。有些是用德文写成的，内容有教给读者怎么更好地实施抢劫，和在受到围困时如何更好地扼守一处普通的房子以保全自己等待救援（这部分内容表明是从纳粹空军手册上摘抄下来的）。剩下的便是一些纳粹宣传品。搜查出来的东西中有一件最有趣，那是一封德国驻纽约的总领事写给一个名叫格奥尔格·斯图尔伯格的信，他大概是这帮纳粹分子的头目。信中总领事对这个格奥尔格·斯图尔伯格说，本来对于地方上的政治情况作评论是违反他工作原则的，但是如果他想知道一些关于那个房龙博士在文化艺术领域的活动的话，那么德国领事馆日报组的主任是肯定会把他掌握的一切必要情报都报告给他的，所以他其实知道关于房龙博士的很多事情。

　　随后的搜查中，总领事的那份报告（领事馆日报组主任提供的情报）也在格奥尔格·斯图尔伯格的大衣口袋中找到了。从报告来看，他们对于我在文艺界的地位和影响推崇至极，可是它又指出，根据纳粹的思想立场，我这样的人应该永远不能在报纸杂志上发表任何文字。然后它还论述了我的文章和书籍在美国青年一代人中影响如何重大。但是从它的遣词来看，这种赞美完全可以看成是反话正说。而且很可能它针对的是我最近才出版的一本新书，书中结合美国现实社会中的一些情况论述了荷兰加尔文主义的某些思想。

　　说来很奇怪，对某些事物狂热到一定程度后就感受不到身边的痛苦了。对于这种情况，我自己并没有经历过，因为我还没对什么热爱到发疯的程度。但是我知道，这些既信奉耶和华又崇拜希特勒的纳粹分子们，显然已经达到了那种传说中不知痛苦的境界，一直到献出自己的生命也毫不犹豫。真是可悲啊！

领事馆日报组主任提供的情报。

15 去报馆

　　躲过一劫，让我在惊恐之外多了一份对上帝的感念。我们的汽车一路疾驰，很快我们就离开了老格林威治。当格林威治的一切被甩在身后，一切似乎变得重新平和宁静起来。回头望去，我们依然能看到纽约方向那片血红的天空，可是一路上再也没什么异常情况出现了。青蛙依旧快活地叫着，似乎在向世人宣告它们多么快活，它们并不知道世间的我们刚才发生了怎样惊险的事情。萤火虫闪烁着悦人的光芒，穿梭在路边的草丛和树木之间，一点也不为那血红的天空担心。这一切似乎让我不能相信，刚才我们差点丢掉了性命。

　　汉塞尔继续以每小时五十里的高速驾驶着汽车前进。他问我："我们现在该去哪呢？"从他的声音我可以听出来，他还是有些紧张、害怕。

　　经历过刚才的凶险，此刻我毫无主意。"我们也许应该回家去，"我一边自言自语，一边思考着，"可是那样未免太冒险了，说不定他们还有另外一拨人正在那里等着我们回家呢。还是去斯坦福吧，到那里还能看看《辩护报》有什么相关报道。看了或许我们就知道下一步该怎么办了。"

　　当然，这完全是我这个老报业人常年积累下来的正常反应罢了。我们这些常年在外地跑新闻的报业专职人员养成了一个习惯，每到一个陌生的地方总是想先去当地的报馆转转，哪怕只是去闻闻报纸上的油墨味，有时候甚至能在报馆待上一天。相对应的，除非报馆忙得不可开交，否则他们一定会对远道来的客人表现出极大的热情，有时盛情款待以示欢迎我们。所以我下意识地想到了去当地报馆看看情况。

"《辩护报》？"我的儿子问道，"那不是一份晚报吗？刚刚发生的事情他们能知道多少啊？"

"没错，那是一份晚报，不过他们或许真的会知道些什么实情，甚至现在正在准备出版号外呢。假如这样的话，我们下一步怎么办就好说了。"

16 在报馆得到的消息

做了决定后，我们便直接驾车去报馆了。穿过车站和邮局，经过几乎没有人迹的街道后，便到了《辩护报》报馆门前。天气闷热，想必这个地方的大部分人吃过晚饭后应该都去海边避暑了。下了车走进报馆，上楼之后我们到了本地新闻编辑部，有十一二个人在里面——一个当地新闻编辑、两三个报纸撰稿人和六七个新闻记者。那个编辑我是认识的。

"嘿，你们好！"那位当地新闻编辑看到我们走进来，对我们说，"从老格林威治来的胖荷兰先生来了，他们肯定知道些什么具体内容的。"他对身边的人说道，记者们也向我们打了招呼。

我说我知道他们想知道的，而且知道的事情很多很多。

"你知道些什么事情？"编辑急不可耐地问我。

"给我一台打字机吧，我替你们写下来，写完了你们再慢慢看。"

"你是要自己写还是你口述我们来记录呢？"

"我自己来吧，我经历的事情自己打出来更贴切一些，很快就好了，只要一会儿。"编辑指了指旁边的一台打字机，示意我可以用那台。

我花了大约十分钟时间，将之前经历的事情打了出来。

坐在打字机前，平静了一下心绪，我花了大约十分钟时间，将之前经历的事情打了出来，随后我拿着那张纸回到了桌子旁边。

"你写了些什么？快说给我们听听！"编辑有些着急。

于是我读了起来。

"一个很有趣但是不可思议的故事，"我读道，"即使是自己将它写下来我还是很难相信。如果我知道究竟是什么原因导致了这些事情的发生就好了，但是，我也身处这个迷局，毫无方向感。现在你先告诉我，你知道发生了哪些事情。纽约上空血红的天空到底怎么回事？那是怎么了？"我看着编辑，首先提出了问题。

"那里的码头着火了。"

"哪一个码头？"

"两边都是河的那个码头。"

"你是怎么知道这个消息的？"

"这是我们报社的电报机接到的最后一个消息。此后我们就没再接到过哪怕一个字。所以我们才想弄好这台无线电报机。这个迈克是我们这里的老手了。他似乎有神奇的魔力，能让任何东西开口说话。迈克，收到什么消息了吗？"编辑指了指身边的那个人和那台老式无线电接收器。

那个叫迈克的人摇摇头说："目前还没有，不过消息随时都会来的。你们大家安静一些，好吗？现在这台机器能收到的信号很微弱，如果噪声太大我就听不清楚了。"说完他立刻戴上了耳机，又忙着调试机器了。

突然，他举起一只手向我们做出手势。"来了，来了！"他细声说道，"不过有些听不清，你们最好再安静一些，别说话了。你们随便哪个人先把消息记下来，我收到后念出来，你们记录下来就行了。快点，快点！"

有个人很快从抽屉里拿出了纸笔说道："我来吧，你念得最好别太快，我的速记练得不是太好，不过勉强可以应付，只要你念得不太快。好吧，你开始吧。"他一边说一边准备着记录。

我们大家站在他们两个人周围，认真听着迈克念。这简直是一件匪夷所思的事情！如果不是有人故意捏造的话，那么我们只能相信自己耳朵听到的和已经发生的这一切都是真实的了！

在纽约附近的一个联合新闻社记者——事实证明，他不仅是个称职的记者，而且胆识过人——突然发现纽约已经与外界失去了联系，任何平时能用的通信工具现在都不管用了。他预感到一定是有不平常的事情发生了，于是他四处搜集信息。虽然收集到的信息很零散，但是他匠心独运的将这些有价值的碎片连接成了一段很有趣的新闻，至少这段新闻已经将事情的大概说清楚了。随后他找到了一个无线电爱好者，这个人恰巧有一处属于自己的无线电发射站。就这样，由这个记者编排的、百年难得一遇的新闻报道，就这么经过空气中无声无息的电波发送出去了。他希望能有一家不管在什么地方的联合新闻社分社能接收到它，好让纽约之外的人尽早了解真相。真是无巧不成书，现在我们收到了这则新闻！让我们仔细听听吧：最开头几句的时候信号还很微弱，声音不清晰，所以日期并没听到。

自从几个月前，当局政府经过长时间犹豫，终于认定第五纵队在美国国内存在的事实后，私人拥有无线电台就成为非法行为。所以，这个依然保留着无线电发射器的聪明家伙到底是谁，始终是个谜团。可以想象，如果这个爱好者没有给自己留一个后手，那么这条新闻也不会这么顺利地送出纽约了。不过事后不久，联合新闻社驻纽约的一个新闻记者突然获得升迁，我想我的推测大概是正确的：正是这个升职的记者发出了这条新闻。当然，这属于当事人的秘密，毕竟在当时拥有无线电台还是违法的，况且这也不是我的分内之事。公私分明还是很有必要的。

再回到那封电报上，正如我刚才说过的，我们接到的这个电报没有日期。它最先报道了发生在新奥尔良和加尔维斯顿的一些事情。当时一些停靠在码头的货轮，正在由运输工人和机器装满汽油和各种各样的战争用品，它们是运往英国的。突然间，没有任何征兆，有六十多架飞机出现在码头上空。在新奥尔良，有人偶然数过飞机的数目，大约是二十架，而在加尔维斯顿有人数的是四十多架。这些飞机是从南方飞来的，大约是尤卡坦方向，机身上没有任何明显的标志。但是地面上看见飞机的一些人还是有些飞机知识的，他们认出，这些飞机的样式与墨西哥商业航空公司的飞机是一样的。不过，在这两个地方没有一架飞机被击落，所以没有证据来证明他们的话，只好当作那些飞机爱好者的推测了。

在新奥尔良，飞机投下了大约六十多枚炸弹，而在加尔维斯顿，炸弹的数量则多得多。在这次突袭中蒙受损失的大小，事后各方面的统计数字颇多出入。不过根据可靠消息，在新奥尔良，停泊在港口的五艘货轮当时就沉入海底，另有十二艘轮船爆炸着火、损毁严重。而在加尔维斯顿，因为敌机投下的炸弹数量很多，所以码头的船舶几乎无一幸免，其中还包括船上和码头上的货物。因为美国国内对于这样的空袭根本没有一丁点思想准备，更别提防御措施了，所以两个港口都没有高射炮以及其他防空武器进行还击，甚至驻扎在两地附近的军事基地的官兵，在得到报告后都不知所措。

他们——陆军的官方文件上就是这么写的——已经立刻打长途电话给华盛顿，报告了当时受袭和损失的情况。而这显然没有引起华盛顿方面足够的重视，他们只是叫两地当局继续搜集"补充情报"。两地当局再一次报告情况后，华盛顿方面才派了几架侦察机飞往受袭的两个海港继续"侦查报告情报"。当侦察机飞到空袭地点时，敌机当然早已飞得无影无踪了。这次它们是向南方飞去——从哪来的再飞回哪去。

有几架高速飞机奉命前去追击敌机，只不过它们并没什么收获，况且它们也不敢飞得太远，如果飞出尤卡坦海峡就可能招致不必要的麻烦：那会触犯我们国家的中立法，还可能因此引起墨西哥当局的不快甚至抗议。

在这次空袭中死伤的人数，截至无线电报发出时，还没有确切数字。不过，相信死伤人数一定相当多。加尔维斯顿的一个轮船职员幸免活下来了。据他说，单就码头工人和海员的死伤人数就在二百人以上。而在新奥尔良，至少已经有六十个海员被炸死或者坠海溺死，有两个炸弹落在了码头附近的市场上，造成了很多平民死伤。当地的教堂也受到了严重破坏，教堂尖塔之一已经在空袭中被炸弹炸毁了。

在新奥尔良,至少已经有六十个海员被炸死或者坠海溺死,有两个炸弹落在了码头附近的市场上,造成了很多平民死伤。

　　还有一条尚未被证实的消息,说当时在海港中停泊着一艘美国海军的防务船,作为还击,船上的海军曾经向敌机扫射机关枪,然而很不幸地被炸弹炸沉了。船上的人想必已经命丧大海了。据幸存的目击者说,当时炸弹直接命中那艘防务船的机械间,没过几分钟船就在大火中沉没了。据当时在附近海面上捕鱼的两个黑人说,船沉没以后,一架敌机还从高空俯冲下来,向海面上的人扫射,直到确认每个人都死了才飞走。他们两个人趁乱躲在岸边杂草中,才保住了性命。

　　事实上,看见防务船被炸沉的目击者只有这两个黑人。这样猛然又强烈的袭击,使当时在岸上的每个人变得异常惊恐和慌张,因此当接到电报时，还没有关于那艘被炸沉的防务船更多的信息。新奥尔良和加尔维斯顿两地的救护车在接到求救电话后已经全部出动了，当地医院中住满了在空袭中受伤的人，其中大部分伤者是由码头和轮船上的汽油爆炸和燃烧造成的烧伤。医院中的景象同样惨不忍睹。

美国政府在接到侦察机的报告后，马上责令有关部门着手调查这件针对我们这个友好中立国不可饶恕的突袭事件。得克萨斯州州长已经悬赏两千五百美元，征集有关这次突然袭击幕后黑手的确切线索和信息。路易斯安那州州长也很快发出同样的悬赏。同时，两州州长已经下令，调集几个大队的国防军前往出事地点，以保护国民安全并且防御类似袭击再次发生。

在此之前，这些国防军都是派遣去保护驻美国的墨西哥和德国领署的，不单单是领事馆的工作人员，还有他们在美国的家属。而美国大众百姓似乎已经很清楚地知道这次袭击该由谁来负责了。据风传，有一个城市的民众已经自发组织了保安队，还有一些社会地位比较高的人自发行动起来，抓获了一个当地声名狼藉的德国使馆工作人员，将他用绳子捆绑起来，在他背上涂上了一个红色的卐字饰，并把他拉到运河街上游行，让平时受够怨气的人发泄发泄。后来一队当地军队赶来，才避免了群众采取更进一步的措施。不过，为了这个人的"人身安全"，当地政府还是将他暂时关进了监狱。

关于南部地区的消息目前就搜集到这些。

而从中西部地区传来的消息则显示，整个事情的严峻程度超乎想象。下午五点左右，当工人们结束一天的工作，正要离开工厂时，二十几架飞机突然出现在工厂上的高空。那天天气很热，而高空则满是云气，因此地面的人们用肉眼看不太清楚高空的状况。这些飞机飞过底特律之后，向那里正在生产飞机引擎的工厂投掷了大约六十多枚炸弹，那些已经完成和正在加工的引擎是为美国海军和陆军部队生产的。敌机驾驶员对当地的地势和地面建筑物一定相当熟悉，因为那些炸弹除了五六颗外，其他的全部在工厂上空或者附近爆炸了。而另外的五六颗炸弹，则落在了下班途中的工人人群中，同样造成了巨大伤亡。工人们当时对工厂遭到袭击都看呆了，以致忘了他们应该迅速逃离现场。其实即使他们想要躲避，全城也没有任何一个地方能躲开这种突然的空中袭击。那二十几架飞机两度飞临底特律上空，在投落炸弹后，又消失在密布天空的云烟中。然而，从多伦多发来的报告称，有几架加拿大飞机驻扎在当地的军事基地中，他们在接到温莎当局的求救信号后立刻起飞，想要拦截那些可恶的敌机。升空不久，他们便在马斯科卡上空与敌机短兵相接，展开了空战。双方飞机数目悬殊，况且加拿大飞行员还是几个初出茅庐的年轻人，他们才刚刚接受了几个月的战斗机飞行训练，不久这三架加拿大飞机便在格雷文赫斯特附近上空被敌机击落了，飞行员全部牺牲。然而，他们的出击还是收到了一定的效果，一架敌机受创，尽管飞行员竭力挣扎，但是飞机最后还是坠毁在哈利伯顿的田地里。机组人员在飞机坠毁前跳伞逃生，降落伞着地以后他们便消失在附近的丛林中。然而飞机残骸还是被我们找到，从而证明了这是一架德机。从现场的残骸可以初步判定，这架飞机是从航空母舰上起飞的。大概逃走的那群飞机都是来自航空母舰。

因为敌机群的巨大噪音曾引起萨德伯里、科巴和科克伦等地居民的注意，所以大家一时间都大胆推测起来：德国的航空母舰已经神不知鬼不觉地驶进了詹姆斯海港，并且在穆斯河河口附近下锚。当时的天气状况和能见度已经不适合派出飞机前往怀疑地点侦查，所以军方决定第二天一大早就派飞机前往詹姆斯港地区，进行地毯式侦查，如果发现德军航母便立刻攻击他们。

在过去三年中，曾经有很多人论证了德国的航空母舰躲过美国的防务体系，渡过哈得孙海峡和费舍尔海峡，进入哈得孙湾的可能性。更有人曾建议在奇德利角附近地区设立一个军事瞭望站，并配备无线电台，以防这种情况的发生。虽然加拿大空军当局曾经严正警告过美国军方，一旦这样的军舰偷渡成为现实，那造成的破坏将无可估量，对这一点报纸和大众也曾经长期关注，但是美国政府和军方还是毫无作为。看起来他们不相信德国人会这么冒险，他们相信好运会始终陪伴着美国。然而，这些很可能是从航空母舰上起飞的德机不仅深入到底特律，还有五六架飞到了扬斯敦和阿克伦上空，在抛下大量炸弹后就跑得无影无踪了。在扬斯敦，空袭造成的破坏最大，一颗炸弹落在一座工厂旁边，那里正是一家电影院。幸好时候尚早，造成的人员伤亡还不算太大。电影院遭到轰炸后，当场毙命的人大约有六十三个，还有几百个人从断壁残垣中被抢救出来，有的受伤严重，生命垂危，有的则受了轻伤，捡回了性命。

有的地方确实很幸运：布法罗逃此一劫，克利夫兰也没有遭到袭击。而底特律却在空袭中遭到了严重的破坏，尤其是那些为海陆军提供飞机装备的工厂更是惨遭灭顶轰炸。对军队的这种潜在负面影响虽然没有在当时立刻就显现出来，但是必定会影响此后的备战。

这就是从西面和南面传来的消息。

东部的情况更加糟糕，纽约是整个德军飞机袭击的中心和重点，造成的混乱和损失也更大。有一个从新斯科舍省的无线电短波电台发出的消息，大概是由在波士顿的一个无线电爱好者接收到的，而这个记者恰巧收集到了这个消息。消息说到了一个谣言，这是从萨布尔角岛的一个私人无线电台发出来的（很显然，这些政府明令禁止的小电台依然在各地活跃着）。它说，从克拉克港收船回来的渔民带回来一个消息，说他们看见至少有五六艘像外国军舰的船只向海豹岛方向驶去，他们怀疑是德国军舰。

只可惜，当时谣言四起，人们对这个从新斯科舍省传来的谣言并没有太在意，甚至当时肯定有人觉得这些渔民是散布谣言、蛊惑人心。包括联合新闻社的记者，他们那时候急于想弄清楚纽约到底发生了什么事情，所以对这种道听途说的消息毫无兴趣。至于是否确有其事，现在还没有下文。

至于纽约，在遭到袭击之前，和这个后来回忆起来相当可怕的夏季的其他日子没有什么区别，只不过那天特别闷热，居民们都早早吃过晚饭，到海边乘凉了。不过很多人感到莫名其妙的不安，至于为什么，他们也不知道。五六点之间的时候，地下电车的供电系统突然中断了，所有电车在轨道上慢慢停下来，一时间车厢中的人们都陷入了一片漆黑之中，黑暗也加剧了突然停电造成的巨大恐慌。而在哈得孙隧道中的电车里，毫无征兆

渔民带回来一个消息，说他们看见至少有五六艘像外国军舰的船只向海豹岛方向驶去，他们怀疑是德国军舰。

的停电和黑暗差一点酿成了不可想象的惨剧。幸好当时车厢中的一个列车管理员急中生智才使局面稳定下来。面对这起突发事件，他相当镇定地立刻将列车所有车门打开，以便有什么意想不到的情况时大家能逃得出去。之后他又发动全部列车工作人员对乘客劝说，这样才避免了在这个隧道中很可能发生的惨剧。

过了一小会儿，电车的电力突然之间又恢复了，就像突然停电那样莫名其妙。通电总比停电好得多，所以大部分人并没有继续担心下去。不过还是有人向发电厂致电询问具体情况。发电厂的工作人员回答说，电厂的主要发电机组出现了一点小故障，导致了刚才电车停电，不过很快就修好了。那人继续询问，发电厂是否认为此事是有人蓄意破坏造成的，工作人员并没有直接答复这个问题，不过他们曾经表示过不排除这件事情是有人故意为之的。电厂表示，他们预计会在二十四小时之内得到关于这起事故的详细报告，因为联邦调查局的人员已经介入此事的调查，他们已经进驻发电厂成立了特别调查委员会，现在正在详细查询那些能够接近发电机组的人员的个人历史情况。

然而，就在电车恢复行驶之后不久，全城大多数电梯的供电突然也停了，就像电车停电那样显得神秘莫测。在电梯定点的那个时间段，大多数的办公室工作人员已经下班离开了办公地点，所以电梯的使用已经过了最频繁的时候，否则因停电引起的麻烦会相当大。但即使是这样，还是给正在电梯中的人带来了很多不便和麻烦：有的电梯被迫停在半空中达半小时之久，有的人因为突然停电在电梯中恐慌异常，加上天气闷热导致不少人晕厥。这些人在救援人员和医护人员的共同努力下获得了救助。然而，大多数因此承受不便之苦的普通纽约市民们，则认为他们住在世界上最繁华、但同时也是最拥挤的城市中，像这样的事故总是难以避免的，所以我们优秀的纽约民众并没有对此发出太多抱怨。

　　这样的心态使纽约这个灯红酒绿的大都会在经过两次不大不小的事故后，又安静了下来。人们像往常一样，正要比较平静地度过这个闷热而有些令人难以入睡的夏夜。但是，意想不到的事情却接二连三地发生了！它们看起来发生得井然有序，这不能不让人怀疑，这一连串的事情是一个策划已久的阴谋诡计的一部分。只不过，这个付诸实施的阴谋其幕后黑手是谁，到现在还不得而知。

　　在纽约，人们把这些突发的重大紧急情况归咎于第五纵队身上。然而在那些训练有素而经验丰富的新闻业人士看来，这样的答案未免过于武断和简单了。因为通往外界的电报完全中断了，所以他们最初收到和发出的新闻，完全是从只言片语的电话中搜集并整理出来的。很快，电话也打不通了：作为各方电话中枢的纽约电话局被一帮穷凶极恶并且来历不明的歹徒占领了。接着，这个发出这则新闻的联合新闻社记者警告我们，或许我们现在听到的这些事情，过一会儿就得有一半的内容变得自相矛盾起来。他说因为这些消息都是他从各种不同渠道获得的，真假参半，所以难免矛盾。到他发出这则新闻为止，比较可靠的消息有下面这些：在曼哈顿、布鲁克林和霍博肯等地的大部分码头都起了大火，重要的输油管道中只有少数几条幸免于火灾，大火顺着从破裂的油管中流出来的石油向四处蔓延。

　　这些火情发生得如此突然并且紧密相连，一看就知道是一帮有组织的、经过缜密计划才实施的歹徒所为，而且这帮家伙显然是纵火老手了。从目前的事实推敲之前比较可疑的情况，不禁让人们想起在几日前有几艘挂有瑞典、葡萄牙和希腊国旗的轮船突然驶进纽约港。《纽约先驱论坛报》的一个新闻记者在第一时间无意间注意到了这些外国轮船的造访，而这名记者长期从事第五纵队活动的调查工作。这个记者当时就想起了发生在挪威和荷兰的类似事情。那时候同样有一些悬挂着中立国国旗的船舶驶进奥斯陆和鹿特丹，并在码头停泊下来。它们静静地停泊着，没有人注意这些船有什么奇怪的，直到时机成熟时，潜伏在这些船舶里面的德国士兵便倾巢而出，就像特洛伊木马一样起到了出其不意的作用，把两国打了个措手不及，为希特勒德国帮了大忙。显而易见，那些船是德国的，它们只是悬挂了中立国国旗而已，里面藏了德国士兵。基于对这种情况很可能发生在美国的担心，这个记者开始在码头进行调查。然而令他失望的是，他并没有获得多少有价值的信息，只听一些港口工作人员和岸边的住户说这些确实是真正的商船，它们是来和美国做生意的，将会装满货物起锚返回瑞典、葡萄牙和希腊。因为大家都知道，最近世界上很多地方都在发生极其严重的粮食危机，当然包括这三个国家，所以这个记者得到这样的解释还是很能令人接受的。经过港口当局草草检查之后，这些船只便起航前往三个不同的码头，准备进行它们和美国的贸易——这三个码头就是曼哈顿、布鲁克林和霍博肯。

然而商船的事情并非这么简单，那个《纽约先驱论坛报》记者的担忧也并非无中生有。就在这一夜的八点钟左右，当纽约全市的供电突然中断，纽约百姓正在为电话和电报突然没有音讯而感到疑惑时，在稍后不久的一段时间内，据说在哈得孙河岸边的公路和小区中，曾接连发生过几起暴动事件。至于这几起暴动的详细情况，何人而为、目的何在等，到目前为止还不得而知。发出这则报道的联合新闻社记者说，第一起暴动发生在曼哈顿方向的河边。当时大约有几百名士兵从西区第四十街附近的码头蜂拥而出，他们穿着像德国军队制服的衣服并且都拿着武器。美国民众并没有见过真正的穿着军服的德国士兵，而且政府也没有针对这一点对民众进行过任何宣传和警示——毫无疑问，这体现了当局的鼠目寸光——所以目击者提供的信息就显得相当模糊并且有些互相矛盾了。码头管委会只派了几个人在夜间看护码头，而且那时候这几个人睡得比猪还沉，更不用说发现敌情了。他们在觉察到声音醒来之后，还没来得及有什么有效反应就被杀了，尸体被丢弃到河里。这些显然属于纳粹德国的军队很快冲进码头附近的几条街道中，一些空卡车正在等候着他们上车，等候着这个令他们兴奋时刻的到来。这些德国士兵很快就都上了车，并在车上架起了几挺机关枪，做好了随时开枪的准备。他们以最快的速度向南疾驰而去，显然是想去占领中央路240号的警察总局和位于西大街的纽约电话电报总局。在他们向市中心进发的途中，凡是经过纽约的消防队驻地时，他们都会用架在卡车上的机关枪向消防队门口的消防员扫射。由于事发突然，造成了很多消防官兵死伤，这就增加了之后全城扑火的难度。当这些纳粹疾驰过一些人多热闹的住宅区时，他们也向路边的人群扫射。那时候很多小孩子吃完晚饭后正在一起玩耍，看护他们的大人们也借此出来呼吸一下新鲜空气，他们聚集在路边说笑着。这些毫无还手之力的平民就这样惨遭杀戮。

这些疯狂的纳粹士兵不分青红皂白地四处扫射，他们大概想在平民中制造一种恐怖气氛，好让我们失去自发抵抗的勇气，以减少他们进一步行动时遇到的阻力。如果真是这样的话，那么他们的计划获得了相当大的成功。据说当时亲身经历而幸免于难的人和风闻这一幕幕惨剧的东区民众，都不顾一

特洛伊木马

人们以最快的速度逃离市中心

切地想逃离市中心——大家都嗅到了浓烈的死亡气息。这些可怜的人们，他们实在太害怕了，以致有自己汽车的人马上开车逃命，没有私家车的人们，凡是见到出租车、货车和其他能带人的汽车就据为己有，以便能最快逃生。在那种情况下，他们或者给司机金钱，或者以武力威胁不服从他们的司机。他们还尽量把家中男女老幼尽量都塞到车子中去，并且强迫司机以最快的速度向东开去逃离市区，前往纽约州乡下、康涅狄格州或者其他地方避难，只要尽快离开这个已经变成魔窟的地方就行了。

慌不择路的逃难人群都想经过荷兰隧道和林肯隧道逃出纽约，然而他们的想法再一次落空了，而且付出了惨重的代价。八点刚过一会儿，这两条隧道就被几辆大卡车堵塞得严严实实了。这几辆卡车看起来和一般的卡车没有什么区别，因此当它们驶入隧道的时候并没有引起附近汽车中的人们注意。然而这些卡车在刚刚驶入隧道口没几秒钟，司机们突然急刹车将卡车横了过来，而司机也很快下车消失了，几辆大卡车就这么一起将隧道堵得水泄不通。逃难的汽车像决堤瞬间汹涌澎湃的洪水一样涌入隧道时，眨眼间就撞到了卡车上，后面的汽车刹车不及连环相撞。由于车速都很快，有些汽车被撞翻了，一时间隧道中响彻汽车碰撞的声音和人们呼天抢地的哭喊声，地面上满是碎玻璃和汽车零部件。很多汽车因为相撞着起火来，烟雾笼罩在隧道中，刺鼻的汽油味更加剧了人们的恐惧。

稍晚一些驶向隧道的车辆并不知道隧道中的情况，所以千百辆车在极短的时间内将隧道附近的马路填充得已经容不下任何东西了。几个命大的人从隧道里死里逃生地爬出来，他们都伤得很严重，或是被车撞的，或是大火灼伤的。他们说隧道中浓烟滚滚，即使没被撞死的人在烟火中生还的希望基本也没有了。

虽然电话全部中断不能用了，但是消防队和警察局都很快得到关于隧道的消息，他们在很短的时间内赶到了现场维持秩序，救援伤者。市长不知道什么时候也赶到了现场。据说有人先是在荷兰隧道口看见他，后来他又去了林肯隧道视察情况。当市长到达时，他看到警察总监已经在现场承担起了现场救援的指挥工作。在林肯隧道入口处，一个联合新闻社的记者跟在市长一行的队伍中。拉瓜迪亚市长看到当时惨绝人寰的现场之后，对制造这些事件的歹徒相当愤怒，他决定到市政厅留驻办公并指挥救援和抓捕行动，直到"我们把这帮蟊贼抓住沉入河底之后再说"，这足以显示市长的决心。这个记者随后便坐上了警察总监他们一行人开来的汽车，跟随这些当局者一同前往市政厅。然而意想不到的事情又发生了。在车辆行驶到拉斐特和第八大街的拐角处时，火力凶猛的机关枪子弹向他们扫射过来，很多警察中弹身亡，警察总监所在汽车的司机凭借机敏的反应，将车子急转进第八大街才幸免于难，避免了这次袭击的死亡数字进一步扩大。不过汽车后轮车胎被子弹击中，因此在艰难行驶到大学广场的时候，他们不得不弃车而逃。联合新闻社的这名记者急忙向拉斐特旅馆跑去，想把他亲身经历和采访到的事件组织成新闻稿件，以便通过电话向报馆报告，并且他还准备打电话给市政府，以便了解那边的最新进展。然而在路上这个记者又发现，拉斐特咖啡馆中满是紧急医疗救援队的护士和伤员，护士们正忙着给这些伤员进行紧急救治。这些受伤的平民是在第五大街上被那些驾驶卡车的纳粹们撞伤的。显然，他们把撞倒来不及躲避疾驰而来的卡车的行人们当作了一种乐趣。这些可怜的人们要么手断了，要么脚骨折了，他们痛苦地喊叫着，血肉模糊的场景真是惨不忍睹！咖啡馆现在变成了一个紧急战地医院。因为时间紧迫，他想用咖啡馆的电话直接给报馆打过去。然而他的愿望落空了：电话接线处现在掌握在纳粹手中，根本不可能接通任何地方。那个记者急中生智，抓起一辆停在咖啡馆对面一家点心店门口的自行车，飞驰出去。这样，这个聪明而幸运的记者才把他所采访到的新闻送到了报社。

对于绝大部分报社人员来说，那时候遭遇的困难比他们想象的大得多，不仅电话线全被中断了，而且无线电广播也在毫无预兆的情况下全部中断。全国广播公司和哥伦比亚两家无线电广播电台距离联合新闻社并不太远，报社曾询问过这两家电台的工作人员，得到的答复是：他们播音间的一切设备运转正常，然而他们设在长岛、韦恩和新泽西州等地的无线电发射站突然之间都不管用了，以致造成现在广播中断的情况。他们说，本来想打电话联络这几个地方的信号站，可是电话打不出去，所以他们就派了几个人开车前去调查到底出了什么状况。派出去的这些人只有一个人现在回来了，可是这个人在返回的途中，在到达第五十五街时被突然爆发的一场巷战阻住了，好像还被抓了起来，他们正在担心这几个派出去的工作人员的安危。

混乱不堪的街道

据说，第五十五街上一家旅馆的服务员向来被怀疑隶属纳粹组织，不过大家平日并没发现他们欲行不轨。现在他们正试图向距离不远的全国广播公司和同样在市中心的哥伦比亚广播公司发起攻击。当时那些人共分两队，每队大约有五六十人，附近几家小餐馆的意大利籍侍者（他们大概是意大利纳粹组织的成员）也参与其中，向两家电台进军。这些人像正规军队一样排列整齐的在马路上前进。当他们行至第五街和五十五大街的十字路口处时，在那里负责交通指挥的警察拦住了他们，向人群的领头者索要政府颁发给他们的游行许可证。那个领头的人将手伸进上衣里面，似乎是要掏出游行许可证给警察看。然而他却掏出了一把手枪，并一枪打中了警察的脑袋，警察当场毙命。恰在这时，有两个骑巡警察从第五十七大街过来，正好目睹了这起枪杀案的全过程，他们顾不得众寡悬殊，策马向这帮凶徒追过去，但是实在人数相差太多，这两个骑警也很快被枪击在地，丧了性命，两匹马受到惊吓昂首嘶鸣起来。就在这群暴众弹冠相庆的时候，一辆满载警察的卡车从六十大街方向过来了，他们刚在那里镇压了一群法西斯分子的暴动。这些警察远远就听见了枪声，到了近前看到五十五大街上好不混乱，还看到两匹属于骑警的马上并无警察，而且两匹马显然是受了惊吓。从经验出发的带队警长看到这些情况后，便下了"先开枪后询问"的命令。而这群暴徒因为大喜过望，显然没有发现来自身后的大批警察，所以拥挤在一起的大部分歹徒都应着警察的枪声倒在了血泊中，其余很少一部分很侥幸地仓皇逃脱了。

紧接着，大量平民从麦迪逊大街方向涌了过来，从这些警察跟前跑过。他们相互推挤着，口中大声喊叫着，其中还夹杂着哭声，看起来大家那么恐惧和紧张，只想尽快逃走。眼看有紧急情况，这队警察立即回到卡车上，待人群跑散之后从西四十五街绕过去赶到了麦迪逊大街。当他们快到大街458号的哥伦比亚电台办公楼时，刚好看见第一批黑衫队正试图冲进哥伦比亚电台的玻璃大门。眼看情势紧急，警长立刻下令采取行动，警察们这次仍然绕到这些歹徒身后，随着警察的枪响，多于半数的黑衫队队员当场毙命，其余的也在最初吃惊中缓过神来后，在枪林弹雨中仓皇逃命。就这样，位于纽约的这家大型广播电台因为警察及时赶来才得到解救免于劫掠。然而办公楼中的广播发射器还是一点动静都没有，除非现在就能把分散在几个地方的广播中转站从占领它们的敌人手中夺回来，可是这种情况也只能想想而已。况且即使夺回来了，也还是要花费几个星期才能修好那些肯定已经被破坏了的机器。

除此之外，还有几条关于几队警察和一些武装全面、训练有素的小股青年暴动者激烈交火的消息，这些消息是接二连三从城市的好几个地方传来的，但是由于电话电报中断，因此，目前为止还没有收到更详细的信息，也就无法形成一则连贯的报道了。

与此同时，码头一带的上空火光冲天。很显然，几座码头和岸上的货栈正在大火中燃烧着。从事发前码头上堆放的货物数量推断，如果没有足够的人前去救火，大火肯定还要燃烧很久。同时，从城市南面传来几声响亮的爆炸声。声音的来源，不是那些藏在所谓的中立国商船中的德国纳粹士兵为进攻总督岛而制造出来的，就是从总督岛出发的美国联邦军队试图在拜特里登陆制造的，他们准备从那里上岸后前往市区高处，反击纳粹的进攻。

到现在为止，布鲁克林和霍博肯上空的火红已经显示出，这两个地方也已经有相当大的地方正经历着熊熊大火，但是这两个地方的详细情况还不得而知。从市区高地传来一个不太令人高兴的消息：一艘吨位庞大的轮船在哈勒姆河中，撞向了跨河铁路桥位于河中央的桥墩，造成了经过这座大桥的重要铁路线完全瘫痪。这种准确撞上桥墩的船舶驾驶只能由熟悉哈勒姆河航行水况的驾驶员才能完成，因为河面相当宽阔，想要准确撞击桥墩还是很有难度的。必须要经过这座铁路大桥的十几列火车被迫停在公园大道隧道中。与此同时，在中央火车站，成千上万的旅客正在等候这些火车到站上车，以便到纽约市以外的地方。

当车站的人们了解到全部火车为什么来不了了之后，人们变得近乎疯狂起来，大家都预感到危险降临，所以想马上逃离纽约。他们见到出租车或者货车就拦住好让他们能尽快离开。有一个记者从纽约市东部回来，据他说，在公园大道两旁塞满了各种各样的汽车，他们的目的地只有一个——那座连接着大陆和曼哈顿岛的大桥！在极短的时间内，这条道路上聚集了数目庞大的汽车，它们拥挤在一起，向大桥缓慢移动着，从上空看起来就像一条黑色的冰河缓慢漂浮。那个记者说，他觉得汽车行驶的速度绝对不会超过每小时六里。为证明他的推断，这个记者说，当时因为车太多了，他不能从它们中间走到马路对面去，所以他就爬上一辆车的顶部，踩着前面每辆车的车顶顺利穿过了马路，之后才回到了报社。

警察们现在根本不去管交通情况怎么样了，他们宁愿去指挥溶液的流动也不想去维持这样疯狂拥挤的交通秩序。因为现在人们是那么恐慌，以致如果有警察敢去维持交通的话，恐怕要在人群中丢掉性命了！在危及性命的时刻，人人都会这样。

很令人费解的是，在五十五街的冲突过后，第五大道上几乎看不到任何人影。而且，不知什么神秘的因素影响了人们，从东区逃出来的人们普遍认为公园大道比第五大街更安全，这就使公园大道上挤满了逃难的人群。

那个记者在回报社的路上，途经一个公园，他听见里面人声嘈杂感到很奇怪。"公园里全是德国人！"一个汽车司机向那个记者大喊道。"千万别去公园！"但是这个记者出于职业需要，还是想去公园里一探究竟。在公园里，记者发现这里全是人，只不过他们并不是德国人，而是普通的纽约市民。这些人一开始都很好奇，为什么天空会那么红呢？这些人没有听到五十五街上发出的枪声，而且他们现在还不知道事情已经到了万分紧急的地步，他们一直以为码头附近不过是发生了一场普通的大火，只是这次火情极大，烧红了整片天空。甚至有一位在公园门口等候客人的马车夫在车上睡着了，这个记者将他叫醒，告诉他现在全城已经被纳粹占领了时，马车夫破口大骂起记者来，骂他吵醒了他的好梦，他睡不好的话一会儿就没有力气干活。

现在这样简直是不可思议的情况啊！城内的一部分地区已经发生战事、敌我双方激烈交火，无辜平民死伤惨重，而仅仅隔了一两条马路的城区的另外一部分的人们竟然听不到枪响，更不知道在离他们很近的地方已经发生了战事，更想不到纳粹军队已经占领了纽约很多地方。在贫民居住区，纳粹的车辆继续制造杀戮、散布恐怖的消息和制造令人极度恐惧的气氛，而城市中绝大部分生活富裕的人们，到现在还没感觉到一丝一毫慌张。他们只是知道，发生了一场很大的火灾，就是这样罢了。没有人会问这场大火为什么发生的这么离奇。

甚至当十二架飞机飞过纽约上空时（这些飞机距离地面很远），绝大部

火车全都来不了了

分纽约市民还是没有感觉到他们身边发生了什么意想不到的灾难。况且，现在美国军方已经开始整备军备，每天都会有飞机群从空中飞过，即使有人偶然发现了敌机在头顶上，也不会奇怪，他们只会认为是自己军队的飞机在练习呢。当敌机盘旋侦察过后，投下炸弹企图炸毁连接着哈得孙和东河的桥梁时，人们不是没有听见爆炸声，就是以为不一定城中哪个地方发生了汽车爆炸，依然没有觉察到丝毫异常。真是可怜又可恨的人们啊！

可是在无线电城的最高处，能清楚地看到这些敌机飞过头顶。两名记者费尽九牛二虎之力从楼梯爬上了这座城市的最高处，到达楼顶时两个记者都累得快喘不上气来了。其中一个记者曾经在海军服役过，他还记得一些摩斯密码，于是他用简易的信号将看到的信息报告给了守在下面的人。据这两个攀爬能手记者的报告，有三架飞机飞过几座主要铁路桥的上空，乔治华盛顿大桥的一个铁塔似乎中弹了，但是大桥在颤抖了一会儿后，便恢复正常，似乎没有受到什么破坏，看起来安然无恙。但是布鲁克林大桥的情况要糟糕一些，桥体上很多老旧的砖石遭到炸弹袭击后掉落到河里。桥上路面的具体情况他们看不清。他们说，即使车辆还能通过，但是这座桥应该已经有很大安全隐患了，最好阻止车辆继续通行，以免大桥垮塌造成巨大人员伤亡。

紧接着，他们看到有一些船只连续不断地变换着船上的大灯，灯光在夜晚的河面上异常醒目。这些舰艇正在全速向港湾方向驶来。由于光线实在太暗、距离实在太远，他们看不清那些驶过来的船只属于哪个国家，但是他们推测是美国的军舰。这些舰只看起来像是去拜特里和怀特霍尔地区，赶往这两个地方驱逐已经占领那里的纳粹敌军。行动虽然迟了一些，但总比没有行动强。

过了一小会儿，敌机便不再向铁桥轰炸，而掉转机头向港湾飞去。但是，那时候曼哈顿全区都因为电力中断而处于完全黑暗中，只有几处着火的地方仍在燃烧，周围地方才火光通明，所以从无线电城最高处发出的特别报道还是因为视线不好而中断了。但是他们看到的已经足以让我们了解更多真相了。

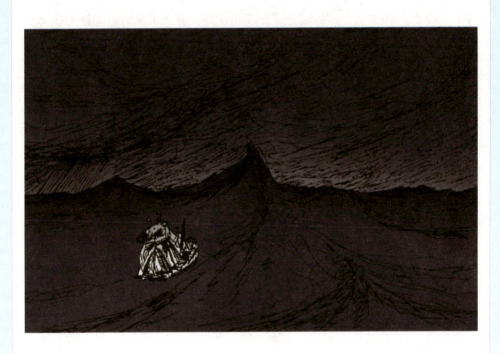

由于光线太暗、距离太远，他们看不清那些驶过来的船只属于哪个国家，但是他们推测是美国军舰。

　　紧跟其后，整个纽约市和市民们被一连串响彻全城的爆炸声惊动了。我们事后了解到，这些爆炸声大多数是从总督岛传来的。当我们都急于想知道爆炸声是怎么回事的关键时刻，这个联合新闻社的记者停止了新闻报道。"我们现在不得不暂时停止报道了，但是一有最新进展还是会立马发出新闻的！让我们共同祈祷吧！"远方那个临时无线电发射器的声音微弱地传出最后一句话，紧跟着这一小点对我们极为重要的声音也消失得无影无踪了。那个担任接收员的伙计摘下让他感觉很难受的耳机，站起身来，伸了一个懒腰，顺手拿起一根纸卷烟点着了，很享受地吸了一大口。

　　而那个一边速记一边为大家朗读出来的记者也得以停下笔和嘴，休息了一会儿，他有些疲劳地靠在座椅背上，看着手中记录的这一长段新闻。

　　缓了缓神，那个本地新闻编辑也站起身来。"迈克，干得很好！真是多亏你了！"他说道，"我要把你今晚付出的辛劳告诉联合新闻社的全体成员。说不定我们现在刚刚收到的这则新闻，在康涅狄格州的所有报社中是独一无二的呢！现在我们该干点什么了。对，约翰，你来。"编辑是对着一个年龄较大的撰稿人说的。这个约翰站在一边，手里拿着一个本子。"你赶快把这则报道整理一下，我们好抓紧发出去。我们可以让几个排字员同时排版，让他们抓紧干，如果一个人排一两版的话，最快二十分钟我们的报纸就能开始印刷了。到时候我们就可以拿着号外上街售卖了！其他人从旁协助，看看有什么可以帮忙的，大家一块加把劲！对了，我们还要找一个人出去买些点心和咖啡，大家肯定都饿了。看来我们今晚要在这里过夜了。"

17 给老友打电话

　　编辑话音刚落，汉塞尔从旁边推了我一下。"爸爸，"他说道，"我们到这里的目的达到了，已经知道一些具体情况了。你知道的，我们还要赶六个小时的路呢。我觉得我们应该尽快上路。"

　　我对他的话很是赞同，不过突然间我感到自己异常疲倦。"是的，我的儿子，你说得很对。"我对他说，"我们是应该马上动身启程了，不过你再稍微等一会好吗？我突然想起一件事情来。我办完这件事我们立马就走。"

　　"好的，爸爸。不过你得抓紧时间啊，爸爸，你现在可已经不像上次大战时那么年轻了。"他关切的眼神让我颇为感动。

　　"嗯，我知道，我会很快的，放心好了。我还想打个电话。"

　　我走到话机旁边，抓起话筒拨出了我想要的号码。附近地区的电话依然能接通。我叫了一个位于诺沃克的号码，很快电话就通了，传来的是玛丽令人愉快的声音。她还是老样子，好像她一直在等我给他们去电话一样，虽然我在六个星期前和他们夫妇一起吃过一顿饭后就一直没再通过电话和他们联络过。

　　"是你啊，最近还好吗？吉米还好吗？你的孙子有什么新消息吗？真是有趣极了，我们刚刚正说起你呢，你的电话就来了，真是说曹操曹操就来电话啊！我们看见格林威治上方的天空一片火红，正在讨论可能出什么事了，是不是你家的房子失火了？"玛丽开玩笑地问道。

"你们就注意到这一点吗？"我问道。

"是啊，我们就注意到天空是那么红。还有其他什么事情发生吗？"

"还没有，"我对她说，"现在还没有准确一些的消息证明确实发生什么事情了。至少，我不希望事情是我想的那个样。你们今晚有没有接到什么奇怪的电话啊？陌生人打来的电话？"

"没有啊，"她丈夫说道，他大概是拿起了他们家楼下的那部电话听筒。"我们今晚没接到陌生人的电话。不过，有一件事让我们一直挺担心的。特别是这个星期，我们一直感觉有些事情挺古怪的，如果你在我们这儿的话，我们肯定早说给你听了，让你给我们看看到底是怎么回事。是这样的，大约两个星期前，我们收到了一封信，信封的地址显示，这封信是从一家很著名的律师事务所寄来的，名字我忘记了，不过我可以肯定是一家很有名望的事务所。信里说，他们想和我们谈一谈一个很有趣的建议。哦，你知道的，我们当时认为是关于写书的事情。那些很有名的律师事务所一直想出版一些关于法律方面的书籍，虽然他们始终没有什么实际行动。他们一直认为，一旦相关法律的书籍出版之后，一定可以成为畅销书的。可是我觉得，也就能卖出一百本去。当然，结果还是很难预料的，所以，我们还是和他们约好了一个时间准备商谈一下他们所说的那个意见。我们见面之后，这些人看起来很有礼貌，在相互寒暄之后，他们就进入正题，告诉我们，他们打算收购一些现在已经有相当地位的印刷公司和出版公司，比如像保罗-里维尔出版公司这样既印刷发行又经营销售的公司，以便他们能很方便的出版一些爱国书刊。因为我们的公司是纽约市最有潜力也最具活力的出版公司，所以他们才想和我们先谈一谈，看能否打开这个计划的局面。之后，他们有意无来人想让我们把出版公司转让给他们。

意地问我们，有没有看星期六晚邮报的新闻报道，上面刊登了位于柏林的乌尔施泰因出版公司是如何丧失他们庞大的出版产业的，还有维也纳的伯曼–费舍尔出版公司的相同境况，此外还有斯德哥尔摩和其他很多地方的大型出版公司所发生的类似事情。由于这些公司在欧洲大陆是挺有名的出版公司，所以他们的事情我们是有所耳闻的。这之后，他们中的一个人向我们做了暗示，让我们还是尽快将出版公司转让给他们的好。还说如果我们愿意的话，他们愿意给我们现金十万元作为补偿。

"我们听过后，问他们是否能出一百万来购买我们的公司，他们说不是这样的，他们不是购买，只是给我们一定的现金补偿。他们让我们还是尽快将公司和全部业务转交给他们的好，否则最近一段时间内，将会发生什么事情他们就不得而知了，或者报纸上刊登的那些故事就会在纽约上演了。

"面对这些人的威胁，我们当时心中万分着急和忧虑。送走那些人之后，我们马上给我们的代理律师打了电话，向他说明了情况。一个小时之后，他回电话来说：'那些人确实是十足的美国人，他们所在的事务所也确实是那个著名事务所，而且那些人都属于历史悠久的家族。可是他们是完全坚定的罗斯福总统的反对者，他们宁愿看到希特勒获胜，也不愿看到罗斯福连任第三届总统了，他们觉得如果总统连任成功，在美国就没有民主可言了。在过去的一年中，这些人时常和一个叫穆勒的博士来往。这个穆勒博士是德国驻纽约的一个特别领事之类的人物，他表面上是来促进美德两国贸易发展的，实际上却干着希特勒那套纳粹的勾当。关于这个人的一些情况，你们应该在报纸上看到过吧？论坛报已经注意他一段时间了，不知是不是因为已经引起公众关注了，所以他暂时消失了。而且，在他的所作所为被人们揭露之前，纽约市民已经风闻这个穆勒要收购美国的一家大型出版公司，以便他们能在美国国内印刷发行和销售亲德书刊和杂志。不过现在看起来他的这个计划并不怎么成功，所以现在他们突然想采取高压手段加快计划进度了。'

"听了我们代理律师的解释之后，我们便很快给那家律师事务所回了一封信，告诉他们我们对于转让公司的建议毫无兴趣。在那之后，我们就再没有接到来自他们的消息。不过我们一直担心他们是不是真的有什么行动。"

"哦，这样啊，"我也有些担心地说道，"那之后呢？还有什么奇怪的事情发生吗？"

"没有了，"约翰说，"给他们回信以后，那些律师也没再来找我们的麻烦。可是，今晚却发生了一件事情，我感觉怪怪的，也说来给你听听。"

"什么事？"

"噢，是这样的。今晚哈利和他的夫人突然来我家了。我们当然很欢迎他们来访，可是我感觉很奇怪，因为上午我们还在公司见过面，他并没有提及晚上要来找我这回事。不仅如此，他因为我们对于他们的到访毫不知情也感觉很奇怪。下午的时候，他接到一封标明我们发给他的电报，电报上说，我们邀请他们夫妇来我家共进晚餐，并且在我家住一晚。所以他们就在傍晚开车过来了。"

"你认为这是怎么回事呢？"

"老实对你说，其实我只是感到奇怪，并没有认真考虑这件事。我觉得可能不知道哪个老朋友跟我们开玩笑吧，所以也就没有深究下去。"他的语气放松了下来。

从这件事来看，约翰那边的情况比我想象得要糟糕一些。于是我打断了他的话说："到现在，你有没有收到什么消息说纽约方面发生了一些事情？"

"没有啊，"他答道，"我没听到什么消息。大约两个小时之前，我的收音机突然坏了，收不到任何广播频道了，我觉得很可能是里面的一根真空管烧了。后来又拿我家用人的收音机，没想到他的也坏了，接收不到任何节目。有什么新闻吗？最近不会是发生什么大事了吧？"他问我。

"你说得没错，约翰！"我回答的语气缓慢而沉重。我们新闻记者大部分是具备一定的表演能力的，有时候这种能力能帮我们很大的忙。"我确实得到了一些消息，和你刚才说的情况还是很吻合的。听着约翰，你告诉玛丽，让她叫醒孩子们，赶快把你的汽车从车库开出来，让哈利也开上他的汽车，你们现在马上离开家里。越快越好，你们开车出来，我们汇合，然后一起到佛蒙特去。"

我话音刚落，就听到他在电话那端惊叫起来："你是不是疯了？"

"不，我没有疯，我现在再正常不过了！听着约翰，就在不久之前，我经历了一些还算是没什么危险的事情——当然，我现在还好好的——只不过差不多半个纽约城现在已经陷入熊熊大火中了。纽约已经有很多人死了。而且，据我现在知道的和推测的，我自己的房子早已经被烧成一堆灰烬了。纳粹德国已经发动了侵略美国的军事行动！第五纵队、第六纵队和第七纵队，在纽约已经开始军事行动了。纳粹们正在纽约四处劫掠屠杀我们美国人。那个对外号称特别领事的家伙看来是想在纽约干掉你。幸好今晚我知道了这些事情，你也及时告诉了我你遇到的事情。他们之前的勾当在市区没有成功，所以现在想在你住的乡下继续实施了。如果不是这样的话，也不至于有人故意捏造一封电报，把哈利他俩骗到你家里去了。你们在一起就省了他们再行动一次。虽然我不知道这到底是怎么回事，但我可以肯定的是，你们现在的处境极其危险！我现在已经从家里逃出来一段时间了，我在斯坦福给你打的这个电话，汉塞尔和我在一起，我们正在前往多塞特的路上。挂了电话后我们马上就重新启程，在北上的路上我们汇合。波斯特路是不太可能了，不过汉塞尔对那周围的情况很熟悉，我们差不多四十五分钟就能赶到你们附近。让玛丽快点收拾一些随身物品，给孩子们穿好衣服，然后马上就出发。我想你那儿不一定有手枪，如果有的话，记得把手枪带在身上，说不定能用得上。告诉哈利我担心的事情已经发生了，尽管他现在还是不会相信我。很快，他就会看到我们现在处于一个什么样的世界中了。让玛丽快点，别耽误时间。好了，就这样吧，我们一会儿见！拜拜！"

可是约翰并没有打算让我就此挂断电话。"听着亨德里克，"他说，"我知道你没有喝醉，可是你现在疯了，你真的疯了！我们这里像往常一样祥和寂静，没有什么不好的事情发生，更别提你说的那些事情了！就算有，我们还可以向这里的警察报告，他们会来调查会来保护我们的。稍微等一下，哈利要和你说话。"

哈利听起来比约翰更加不相信我说的话。他简直想象不出，会有什么人那么急迫地想杀死他。"亨德里克，你说的这些话简直滑稽可笑极了！"他继续着约翰的话说道，"这里的一切就像我们以前看到的那样可爱依旧。说不定纽约正在发生什么大的纠纷——很可能是警察们强行驱散了一群纳粹们的集会，这种事情发生的话是很正常的，平时各个地方都会有的。你平日从事的救济活动太多了，所以会觉得在美国潜藏着很多纳粹分子和纳粹支持者。你应该好好休息一下，给自己放个假，到多丽斯特海滨去，和孩子们好好玩一玩，自己也能放松放松。别整天神经兮兮的好吗？"

"我现在就是要去多丽斯特，我还要带着你和约翰一起去，还有你们的家人！"我不得不提高了声音，他的话让我不由得有些激动，因为我实在担心他们的安全。

"可是我们是不能跟你一起去的。我妻子只带了今晚的几件衣服，就再没什么东西了。况且我明天还要赶回纽约开会呢。感谢你这么关心我们！可是你说的这一切听起来都那么的愚蠢。请原谅我这么说你。我站在这里就能看到屋外的花园，一轮可爱的月亮挂在天边，花园中的一切看起来都是那么明朗宁静。这里的一切景象就是我们的和平景象，这便是生活中平和的情调。这不是莎士比亚说的吗！他说的就是我们现在住的这里！"

"是的，"我很想立即就打断他诗一般的情调。"没错，这确实是莎士比亚说过的。他是写过一首诗，写的是被一群饿狼包围的小羔羊，那头羔羊正在瑟瑟发抖呢！你让玛丽接电话吧，我跟她说，相信她现在还是有点头脑的。对不起，我不想让你难过，可是你和约翰都是很好的出版人，我很高兴能和你们合作并且成为朋友，我实在不想就这么失去你们。还是让玛丽接电话吧！快点，你快点让玛丽接电话！快点！"

玛丽接过了电话。

"怎么了亨德里克？"她问道，"你好像焦虑不安啊，是不是工作太忙让你觉得哪里不舒服了？你一定要注意休息啊！"

"亲爱的，听仔细了。地狱里那些恶魔全被放出来了。虽然现在我还不知道详细情况，但是就我们目前知道的和经历的来看，现在的情况已经万分紧急了。你们一定要听我的，就算没什么事情发生也只不过是让你们在今晚白跑一趟。可是一旦发生了什么意外的话，就会救了你们的性命啊！情况真的相当严重，你们快照我的话去做吧，时间要来不及了！我还要打电话给诺沃克的警察，让他们立马照顾你们的安全。等我们见面之后再详细说吧。你现在就给孩子们准备随身穿的衣服和一些食物，都放到箱子里面准备好了，听着，你一定要准备啊！记得尽量不要在窗口走动，我到之前先不要叫醒孩子们。你这就去准备吧，先再见了！"玛丽答应了我的话之后，我就挂了电话。至于他们会不会按我说的做，我不知道。

18 向诺沃克警察局求助

就目前的情况来看，他们还是没有相信我的话。我是和几个异常诚实的顽固派在通电话。

同时，我觉得除非诺沃克方面已经注意了事情的异常，否则他们的安全真的很难预测。目前为止，我还没能探明从纽约逃出来的难民涌向了什么方向，他们会不会前往诺沃克。可是，我想得到一个陌生地方的警察的信任和帮助还是很困难的。于是我问了问报馆中的人。那个本地新闻编辑认识那里的警长，他们以前是一个班的同学。

"那太好了！你现在就帮我给他打电话，告诉他我没有喝醉，我现在清醒得很，也没有发疯。我可不想每次警告别人有性命危险的时候都被当成是疯子或者醉汉！"

编辑也很无奈地笑了笑，他拿起电话，打给诺沃克警察局，一会儿电话接通了。警长正在警局值班，于是他们交谈起来。不过，我听到的是单方面的对话。

"你好啊，警长，这里是斯坦福的辩护者报社……是的，老同学，是我……我很好啊，你近来怎么样啊……哦，我这里有一个人想和你通话……啊，原来你已经知道了啊？……他们袭击发电站不得不开枪打死了十多个人！……是的，他会听到这件事的……好的，我马上就派一个人过去……现在就让我这位朋友和你说吧，他住在你家附近的时候你还见过他呢……没错，就是在威尔逊角的时候……嗯，好的，他将会和你说一些他现在很担心的事情……他就在我身边。"

　　我接过电话，把我想麻烦他们做的事情解释给他听。"说不定这次会让你们白忙活一次，"我一开始就这样对他说，"可是这两个人都是我最好的朋友，只不过他们的性情有时候显得有些天真罢了。他们并不知道纳粹是怎么一回事，他们不知道纳粹的残暴和阴谋，他们怎么会知道呢，他们一直天真地认为关于纳粹的事情都是编造出来的，是那么荒诞不经。目前的形势让我很担心他们。前一阵有人威胁过他们，让他们将出版公司廉价转让出去，他们没有答应。当时的情况已经很麻烦了，没想到现在更加危险了。今天有人捏造了一封电报，把他们聚到了乡下的一处住宅中。可是直到现在他们还没看出来这中间的联系，他们还以为今天的事情是哪个老朋友在跟他们开玩笑呢。甚至刚才我给他们打电话说明情况，他们还是不相信。我想他们现在肯定没有准备东西预备逃离那里，而是安稳地坐在沙发上谈论着我的大惊小怪。可是这一切都是我自己亲身经历了的，怎么会有假呢！？……嗯，太好了……如果你能派出几个警察前去照顾他们的安全真是太好了！这对我实在是天大的帮助啊！可是警长，我得事先警告你一下，从我今晚经历的事情来看，那些纳粹可是一帮什么事情都能干得出来的家伙，你最好能多派一辆警车去，多加注意，千万不要疏忽大意啊！我们很快就会从这里出发赶过去的，真是太感谢你了，警长！如果事实证明这只是一场虚惊的话，那你就怪罪我好了，我担得起的，你放心好了，警长。"警长很痛快地答应了我的要求，让我多少舒了口气。

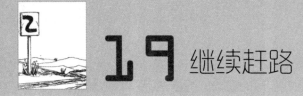

19 继续赶路

挂了电话，我站起身来转向那个编辑，对今晚的事情向他表示感谢。"要说谢谢的人是我啊！"他回答我说，"下次有什么大新闻记得一定再来我这里啊！对了，既然你要开车去那里，那顺道把我们的一个记者捎过去可以吗？我们报社派驻在诺沃克的那个记者真是个饭桶，关键时刻他的肩膀受伤了，真让我着急啊。如果那边真有什么事情发生的话，我们希望能得到最快的报道。还有，从纽约来的那帮纳粹疯子很可能已经把波斯特路完全挡住了，如果是这样的话，你们肯定不能从那里走了。让查理给你们带路吧，他是这里土生土长的人，附近的小路他都清楚。好了，不多说了，祝你们好运！我们后会有期吧！麻烦你再告诉查理，让他尽快把那里的报告送回来，说不定我们今晚还能继续出版我们的号外。"

听到他的话，我突然再一次深深地感觉到我对于自己的老本行的喜爱之情。人类还有哪个行业能在这个混乱的夜晚这么迅速地把握目前的局势呢？哪个行业的人又能够这么热心地帮助他的同行呢？必须承认的是，在这次真正的危机到来前，我们很多报社都努力报道关于潜在危险的各种新闻，提醒我们的国民和当局应该冷静地认真思考，果断采取必要的行动。然而无济于事，那些国内的政治家们和其他国家的政客们故作严肃地开会讨论目前的局势，并且私下里偷偷摸摸地决定世界上很多国家和人民的命运，却对不久将要发生在自己身上的危险毫无警惕。

那时候我正在回顾着过去的二十五年时光。这么长的时间之内，我见过很多诸如张伯伦、彭加勒、麦克唐纳、达夫·库珀和安东尼·埃登斯之类的人，他们有的是政府高官，有的是社会名流。他们中有相当一部分人是有名无实的，或者不知道该为写给坎特伯雷大主教的信写什么题目，或者不知道怎样能从南希·阿斯特的男管家那儿得到内幕消息以当饭后的谈资。他们中的绝大部分人还不知道危险正在一步步降临。他们在乎的是自己的名望和地位，怎样能更多得到上级的恩典，或者获得贵妇人的地位。是的，他们只关心这些而已。真是可悲啊！

同时，随后的事情也证明，查理对我们来说是多么有用，因为假如没有他在我们车上的话，我们还不知道要在斯坦福耽搁多久呢。我们从一个警察那里得知一个有价值的消息：一座横跨梅里特公路的大桥已经被纳粹炸毁了。这个警察被夹在从纽约逃出来的人群中，已经无法再维持交通秩序了。他被这些异常恐惧的人们挤来挤去，在人群中的他看起来随时都会有被推倒的危险，最后他不得不站在路边看着。由于大桥是突然被纳粹飞机炸毁的，所以桥上的汽车纷纷从炸毁的桥面缺口处掉了下去，一时间桥上桥下乱成一团，坠落到桥下的汽车夹杂着断桥的石块摞了起来，看起来就像是一个钢铁和石块的混合物一样，并且把大桥缺口的地方补齐了，就像是大桥的组成部分似的。

然而坠落的汽车很快就燃烧起来，把刚才没被压死的人全烧死了。这个警察不知道到底有多少人在这次事故中丧生。他刚才正和一个从大桥那里回来的州局警察交谈过，那个警察说，那确实是他一生中从没见过的惨剧。"从桥被炸毁那一刻就不断有汽车往下掉，"那个目睹惨剧的警察说道，"由于当时桥上汽车很多，所以他们行驶得都不快，可即使是这样，前面看到情况的汽车还是不能通知后面的汽车停下来，以阻止惨剧继续下去。所以后面跟上来的汽车不断地将前面的汽车挤到大桥断裂处，一辆辆汽车跟着掉

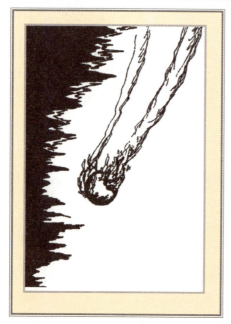

掉下桥的汽车被大火吞噬

下去了，里面的人不是被活活砸死，就是被燃烧的大火吞噬。那些人就像被吃进饿狼嘴里的小羔羊似的，天知道究竟有多少人被那个大裂口吃掉了！"

这个州局警察越讲越有兴致，把当时的情形描述得有声有色，完全看不出他刚才的惊恐和震惊来。我们是没有时间继续听他在那里演讲了。那些驾驶汽车逃难的人们已经找到了其他通向波斯特的小路，众多汽车正源源不断地往那个方向行驶着。穿过斯坦福市中心之后，浩浩荡荡的逃难队伍在马路上开始汹涌澎湃地前行了。虽然其中绝大多数的逃难者不知道要去往哪里，不过他们知道，只要尽快离开纽约，这就足够了！

"现在大桥炸断了，我们怎么才能穿过波斯特路呢？"我的儿子问道，面对这么庞大的逃难车群，他一脸茫然。现在这种情况，我也毫无办法。我知道，如果没有办法穿越波斯特路，是不可能到达我们想走的偏僻小路的，更不可能和约翰他们汇合了。

"我告诉你们怎么办，"那个州局警察大概是听到了汉塞尔的问话，停下了他的演讲，说道，"你们想办法混进眼前这些逃难的车群中，进去之后，想办法尽快开到路的左边。到了左边后，在前面不远有一条小岔路，你们就拐进去。到了那里你们再另想办法吧，按照眼前的状况，我想我只能帮到你们这样了。不过这会耗点时间，我知道你们赶时间，可是没有其他办法了，只有这样才能到那条小路。而且汽车的保险杠和挡泥板将会在车流中受到严重的碰撞和刮擦，你们做好心理准备吧。"

20 我们遇到了好向导

　　没有办法，我们只能采纳了那个警察的建议。于是，我们付出了汽车两个车大灯、两块挡泥板和前后保险杠的代价，并且花费了十分钟宝贵的时间，终于拐进了那条小路。不过即使是这样，当我回头看那条逃难车龙时，我仍然感觉我们还是很幸运的，如果我们依然做奉公守法、遵守交通规则的好公民，是无论如何不可能这么快就过来的。汉塞尔在车流中不顾一切地横冲直撞，尽最大可能往路的左边行驶。在我们还没行驶到铁路与波斯特路交汇处时，就已经开到了路的左边。后面的行驶方案就交由查理来指挥了，他对这一带的道路情况了如指掌。汽车飞快地行驶着，即使在拐弯时也保持着至少每小时四十里的速度。穿过很多偏僻的小巷之后，从周围的路况和建

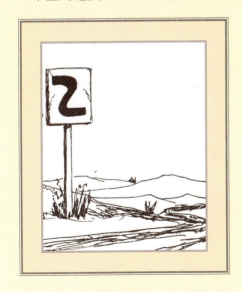

前面拐弯

筑物判断，南诺沃克已经就在不远处了！

我低头看了看手表，从时间上来看，如果不是刚才在车流中钻行耽误些时间的话，我们只要二十七分钟就能到达目的地。汉塞尔开的车速度这么快，以致刚才我只顾着快点能到而忘记了车速过快所带来的危险。还好一切顺利，没发生什么意外！

"前面再拐一个弯，"查理说道，我怀疑他是不是在这漆黑的夜晚用鼻子闻着附近道路的气息指挥前进的，要不他怎么能这么准确地说出每个转弯的地方呢？"拐过去我们就到威廉斯街了。"然而查理话音还没落下，我们前方四十码处的路中央突然闪亮了一个探照灯。本来我们一路驶来，已经习惯了黑暗，所以更觉灯光刺眼了。探照灯射向了汉塞尔，他咒骂了一声，不得不下意识地猛踩刹车。"该死的警察！"他骂道，"他们差点就让我们晃断了脖子！"

"你们要到哪里去？"一个警察上前来走到汽车旁边问我们，"你们是什么人？你们从哪里来的？"

"我是从斯坦福给你们警长打电话的那个人。你们已经及时派人去我说的那个地址了吗？他们现在怎么样了？"我对这个警察说道。

"哦，是你啊。现在情况我们还不知道呢。"

听到警察这么说，我不由得有些担心起来，这让我有点害怕再问他。可是我不得不把情况问清楚。

"你是说他们已经被杀害了？"

"我不太清楚。那里着火了，我们必须先把火扑灭才能知道是怎么回事。我们现在正在搜寻。你们可以跟我来，我们的人现在正在你说的那里搜寻着呢。"

21 约翰一家遇袭

　　汉塞尔将汽车停在路边，我们下车后跟随警察走过去，到了房子前面。屋前的地上躺了几个穿着黑衣服的人。"他们看起来挺聪明的，"带路的那个警察说，"他们以为穿上3K党的衣服就能蒙骗我们，让我们误以为这一切是3K党做的，可惜我们还没那么傻。我们知道这几个人的来历。其中两个是德国人，他俩是拿着假护照来美国的。就因为假护照被警方查出来了，所以本来他们应该回德国去了，可是他们向华盛顿上诉还得到了那些长官们的信任，所以取得了在美国暂住六个月的权利。真搞不明白上面是怎么想的！现在倒好了，我们只能用棺材装着他们送回去了，这样倒是能省一点钱。

　　"那边第三个人是个疯子。一年之前他还在疯人院里待着呢。后来他不知从哪儿继承了一笔数目不小的财产，于是请了两个没有道德的律师——两个犹太人——说来也有趣，大家都不知道他想干什么。其实是那两个律师把他救出来的。出去之后这疯子就自认为是上帝或者其他什么万能的神，幻想着自己有一天能统治全世界。哦，对了，他本来就应该待在疯人院的。这个疯子最让我们头疼，是他先开枪的。"

　　"不错，"另一个警察接着说，"别看是个疯子，他枪法还真准，一枪就打死了我们一个同伴，正中眉心，直接毙命。我们警车赶到时正好看见他拔出枪来。这个该死的家伙！绝不能让他跑掉！所以我们就先打死了他，紧跟着结果了另外三个人。这群该死的家伙！走，我们进去看看他们干了什么坏事。"

"你们来的时候屋里没有人吗？"我有些着急，赶忙问道。

"屋里一个人都没有。"

"那是他们把人都带走了？"我又问道。

"应该不是，"警察说，"这帮人是坐两辆车来的，现在两辆汽车都停在这里。据我们掌握的情报，他们一共有六个人，我们打死了四个，还有两个跑掉了。我们还是一块儿进去看看具体情况吧。"说着，警察推开了屋门。

前厅里一片狼藉，家具都被打翻了，椅子坏了，大橱被推倒在地，约翰的书散乱地丢弃在地板上，屋里还有一股烟味。"我们赶到时他们正准备放火把房子全烧了，"领我们进来的警察说，"我们打死他们后就赶快把火扑灭了。我们最开始以为屋里的人都被杀了，被他们扔进地下室了。可是地下室没有发现任何踪迹，厨房也没有可疑的线索。从厨房的桌子上放着的篮子和菜来看，家里的用人应该都出去了，他们好像刚要准备晚饭，还没开始就走了。"

"楼上的房间和屋顶你们都已经搜查过了吗？"我环视屋内，以我对这个房子的了解善意地提醒了警察一句。

"先生，"这个警察说，看样子我刚才的话有点伤害他作为警察的威严了。"这个屋子里的所有角落我们都已经仔细搜查过了。"

厨房里的篮子和菜还在那里。

就在这时，传来两声枪响，随即是一连串的射击声音。

"哼哼，"这个警察边说边拔出了挂在腰间的枪套中的手枪，"我想，你想知道的问题马上就要有答案了，先生，"他走到门口。"我说，"他冲着不远处喊了起来，"你们那边什么情况？"

"我们找到他们了，还有那两个歹徒，"一个警察喊着回答，"他们被抓起来关进了一个仓库里，那两个人在门口看着。那边很黑，我们始终没有发现他们。不过那两个人肯定是看到我们了，所以向我们开枪。我们看不清楚他们的位置，所以只能朝着那个方向扫射。没想到还打中他们了，我想那两个人是被我们打中了腿部，对我们已经没有威胁了。我们还是叫救护车来比较好一些。"

"屋里的电话线已经被剪断了，"门口的警察说，从目前这些警察的对话来看，在领队的警官被打死后，他好像就开始负责这起警情了。"那你们去看看附近的邻居家有人吗，到他们家里打个电话吧。"

"仓库里的人怎么样了？"我在门口焦急地问道。

"噢，他们没事，只是受了些惊吓罢了。已经有人把他们带回来了。"

那个警察说得没错，他们确实还好好的。玛丽怀里的孩子正在号啕大哭。约翰手里也抱着一个孩子。小孩子对这次极度危险的事情似乎并不知情，除了大哭之外，孩子们没表现出其他异常的神情。这种事情，对一个三四岁的孩子来说，比对一个三四十岁的成人来说更加容易忘却，更加不会有太大的危险感。哈利努力装出一副镇定的样子，我能看得出来，他握住我的手说："谢谢你，亨德里克！你说得没错，我们果然发生了意外。"

"是的，"我也握紧他的手，"是啊，发生就发生了，幸好大家都没什么事，就让它这么过去吧。但愿今晚不会再发生什么不好的事了！你们不能留在这里了！我们得赶快走！"

"你觉得他们还会再来吗？"哈利有些慌张地问我。

"我不知道，"说着我带两个女人和孩子进了里屋，以免让他们看到门口的几具死尸，加剧他们的恐惧。"他们可能还会来，也可能不来了，谁都不知道。可是我们不能待在这里冒险了！还是尽快离开的好。"

"嗯，你说得对，"约翰看着我说，"你现在想让我们怎么办呢？"

"现在，我们应该先喝上一杯酒，算是庆祝我们彼此安全。我来请客，当然，前提是我能找到酒。然后，你们稍微收拾一下应该带的东西和衣物，够两三天用的就行。看样子警察们要在你们家里忙活好一阵了。用人们回来后警察肯定还在这里，他们同样会很安全的。等到玛丽把东西收拾好，我们就马上出发！"

"你想带我们去哪里？"

"我们最好直接去多塞特。至少在最近几天里，那里将是最安全的地方了。汉塞尔认识那里的一些人，他可以给你们找到暂时落脚的地方，这一点你们放心好了，不过肯定不如待在家里舒服。如果你们这里的情况好转了，那你们到时候就回来。今晚这里发生的事情已经够糟糕的了，不过你们还是相当幸运，没受到什么伤害。现在指挥现场的那位警察对这件事情已经比较清楚了，我想他会同意我们暂时离开这里的。我们还是尽快出发吧，去多塞特还有很长一段路要走呢！"说完他们便去准备东西，而我则向警察说明了我们的想法。

那个警察果然同意了我们的计划，他对我说："你们还是抓紧走吧，你们走了我们也不用担心你们还可能会受到的威胁了。我们还得把这里清理一下，看看有什么有价值的线索。哦，对了，还有门外那两个家伙和四具尸体等着我们处理呢。"

22 短暂的休息

　　十分钟之后，他们都收拾妥当了，我们发动了各自的汽车，向丹伯里进发。不过车中少了对我们曾经有很大帮助的查理，他要赶回《辩护者报》报社去汇报这里的情况。他搭乘的是一辆正好要去那里的警车。当我们到达丹伯里时，大家都已经感到很疲惫了，尤其是我的儿子汉塞尔，这一路发生了各种前所未经之事，他又开了一路的汽车，车速一直很快，他一直紧绷的神经没有丝毫放松过。

　　于是我们决定在格林旅馆休息几小时。旅馆的招待员看我们明显是长途旅行，却携带了这么少的行李，因此感觉很奇怪。显然，这里的人，包括他在内，还不知道纽约发生的事情。据他解释，他的收音机今晚突然坏了，收不到从纽约发出的任何广播了。而且他说，大概今晚九点以后，就再也没有汽车从纽约方向开过来。不过他对我们很照顾，特意去厨房给我们找了一些吃的来，而且找了一点冰激凌给约翰的小孩吃。简单吃过东西后，我们便各自回房休息了，可怜的汉塞尔，他甚至头还没沾到枕头就鼾声大作起来——他实在太累了。至于我自己，在这种情况下，我实在没有情绪睡觉。于是我走出房间到了前台，让那个和蔼的招待员帮我拨一个电话。

　　第一个电话我打给了正在多塞特的珍妮特。让我感到惊讶的是，已经这个点了她还没有睡下。她解释说，吉米、伊丽莎白和格蕾丝几分钟之前，在忠诚可靠的沃尔特的护送下到了她家，他们刚刚在卧室和客厅铺好了床铺，说不定现在已经睡熟了，这一路他们都很累了。皮特、吉米和德克三个人都很好，刚才的动静没有把他们从睡梦里吵醒。让我更加没有想到的是，威廉也在今晚到她家去了。他去新罕布什尔州参观了几家夏季影院，筹划他的电影院之事，约翰尼·萨克正好要把他捎回纽约去。威廉到那里完全是无意中的，因为当他们开车从新罕布什尔州往回走时，对纽约发生的事情还毫不知情。在路上，他们倒是听到有报童在街上高喊号外，由于上过很多次假号外的当，他们也就没当回事，没买一份看看。后来他们从珍妮特那里获知我正从纽约北上，因为老格林威治受到了袭击，已经乱成一团了，我们是逃离纽约避难的。他当时还以为珍妮特在跟他开玩笑呢。后来他们打开车上的收音机，想听一听关于纽约的新闻，没想到收不到任何从纽约发出的节目。唯一能收到的是一家当地电台，那个电台还说起了"纽约被纳粹袭击"的消息，他们警告当地听众不要信以为真，这很可能是外国政治势力出资谋划实施的一起战争宣传而已。

由于路途遥远，威廉和约翰尼在车上感到有些困倦了，所以想开到乡下找一个地方歇一歇再上路。他们在离开珍妮特家的时候，告诉珍妮特如果有什么消息立刻告诉他们。"一些还有点价值的消息"，珍妮特说这就是当时威廉在车上给她嘱咐的原话。所以现在珍妮特想知道，我们大概什么时候能到她家。

对于这个问题，我现在也不知道。汉塞尔那么疲惫，他现在睡着了恐怕没有三四个小时是睡不醒了，提前叫醒他，他得不到足够的休息，再继续开车的话也是有很大危险的。于是我告诉珍妮特，让她先上床睡觉，等我们出发的时候会通知她的。

挂了电话，我独自一人走到旅馆外面，点着一根烟抽了起来。这里的一切是那么宁静，万物都进入了梦乡。只有一辆汽车从远方开过来，一个警察例行公事，推推每个商铺的大门，看看它们锁好了没有，就连这辆警车很快也消失在夜色之中。过去八小时发生的一切惨剧和暴行，似乎都远在天边，与这里毫不相关。面对眼前的一切，我开始有些迷惑了：那些事情真的发生过吗？突然间，说不清楚为什么，我感到自己身心俱疲，就要倒下了。我艰难地迈出像灌了铅似的双脚，回到自己的房间，躺到床上睡着了。当我醒来时，已经是早上五点了。我看看汉塞尔，他现在躺在床上的样子和刚躺下时没有区别。我足足叫了他五分钟，他才睡眼惺忪地醒过来。甚至他刚刚醒过来的时候，我如果不是一直在和他说话，恐怕他又要睡过去了。我给他打来一盆凉水让他洗过脸，他才完全清醒过来。然后我又去把其他人都叫醒了。

23 抵达多塞特

付过账后我们便重新上路了。旅馆的伙计对于没能为我们准备早餐和热咖啡感到很抱歉，当然，我们对他的感谢并没有因此而减少哪怕一点。我们过了右面两条街道后，便看到了在路边一个快餐车，我们停下车后每人要了些饭菜，便狼吞虎咽了起来——我们好像饿了整整一个星期似的，疯狂地往嘴里塞着食物。我们每个人一盘火腿蛋、一些面饼和三杯咖啡。约翰的孩子小史密斯依然熟睡着没有醒过来，她的样子看起来愉快高兴，似乎昨晚的睡眠起到了作用，看着孩子可爱的面庞，我们的心情也好了一些。三杯热咖啡下肚之后，每个人的精神看起来都饱满了一些，哈利甚至像以前一样，说说笑笑的，他还讲了一个笑话。至于具体内容，我记不清了。

煎蛋和咖啡使我们的精力确实恢复了不少。于是我们又进了汽车，向本宁顿驶去。然而之后一段时间的事情我就一点印象也没有了，因为，虽然吃了早饭后体力恢复了一些，但我还是坐在车座上睡着了，这种睡觉的方式我一定是从海伦·霍夫曼那里学来的。一路上我都睡得很沉稳，直到汽车到达阿灵顿，在经过哈伦·米勒农场的村舍时我醒了过来。但是事后我仍然不记得当时其他事情了，因为很快，我又进入了梦乡，直到我们抵达曼彻斯特。

其他两辆汽车紧跟在我们后面。想着这几个可爱的朋友就在身后不远处，看看周围的景色，我突然觉得一切危险似乎已经过去了。远方的山谷慢慢迎面而来，虽然距离还是挺远的，可我已经能真切地感觉到山谷的寂静了。噢，多塞特教堂的尖顶也出现在视野中，我们就要到了！很快，我们就到了珍妮特家的大院门口。珍妮特好像已经预测到我们抵达的时间，她和吉米、沃尔特一起从楼上下来迎接我们。格蕾丝和伊丽莎白还在睡梦中没有醒来，珍妮特说看她们的样子可能还要五六个小时才能睡醒。

煎蛋和咖啡使我们的精力恢复了很多。

24 亲眼目睹纳粹空降兵袭击

　　珍妮特已经将我们到来之后所需要的一切都准备妥当了。她带着我们到了最近的旅馆住下，旅馆的经理已经为我们备好了三间舒适的客房，就等着我们来了。不过看到还有小孩的时候，他就去想办法找到一个小床给约翰的小孩睡，孩子才三岁，肯定不能和大人一起睡在大床上。威廉的时间观念总是很强，无论平时有什么紧急重要的事情，他都会遵守时间约定的，所以他也很准时地出现在我们面前。就这样，当我们抵达目的地后不久，全家人都聚齐了。

　　我们把带来的很少的行李安顿好，把孩子放到小床上让她继续做好梦。我和吉米、沃尔特以及威廉等人一同坐下来，准备将我们从家里一直到现在所遇到的所有事情原原本本向他们讲述清楚。可是没等我讲出多少来，汉塞尔就从外面走进来，他刚才把三辆汽车都开进了旅馆车库里。他对我说："你还是稍等一会再讲吧，先出来看一下。山谷上空飞着一架飞机，刚才我就看见它了，那时候它可能还在帕利特上空，但是现在它到我们头顶了，而且那架飞机好像在空中不断搜寻着什么，我看它像是想找个地方降落。"

　　听到这番话，我们便全都站起身出了房间，走到旅馆的后花园中，在这里能看到山谷的全貌。很快，我们也发现了那架飞机，蔚蓝的天空中那架飞机现在就像一个黑点似的。它飞行

纳粹的空降兵降落在山谷中。

的轨迹就像是在天上画了一个大大的圆圈，先是在左边被塔科尼克山遮挡住了，不一会儿从山后面飞出来后又在右边被格林山挡住了。当它盘旋到山谷中部时，飞行高度已经降低了不少。

"我想知道它要在哪里降落！"吉米兴奋地叫道，就像是退潮时岸边的青蛙哇哇乱叫一样，似乎长久以来终于看到了一点令他高兴的事了。然而他的话音未落，那架飞机就又飞上了高空，而且速度很快。随即我们看到有几个更小的几乎很难辨认出来的黑点从飞机上掉落出来，它们在空中飞行了几秒钟之后就迅速散开了——那一刻，我们都意识到，我们恐怕是目睹了敌人的一次空降兵袭击。

"那些猪头！"我的两个儿子异口同声地叫骂起来。汉塞尔可能只继承了他母亲家族中那些好的、聪明的基因，没遗传到伊萨·艾伦家族喜欢喝酒的习惯，这使他能在关键时刻起到关键作用。况且这是在他出生长大的地方保卫家园，所以他的战斗欲望比我们都强烈。所以很快，他便想到了一个好主意：他迅速跑到马路对面的消防队去了。几分钟之后，消防队的警笛响了起来，这就是告诉多塞特的人们，最好快点离开自己舒适的家为好，不管发生了什么，还是快点出去看看究竟是怎么回事的好。当然，他们肯定以为哪家遭遇不幸失火了；要想现在向他们说清楚战争已经波及他们这个安静宁和的小村庄，并且使他们相信，那真的是不容易。更何况现在情况紧急，这是再好不过的办法了。我们分工合作，将纳粹开始进攻美国的事情简单向村民们讲了讲，当看到天上的飞机后，他们才相信了我们的话并且认清了事态的严重性，他们不由得也咒骂起来，并且马上回家抄出了枪支并上了各自的汽车，准备给空降下来的纳粹以打击。消防车已经开远了，普通的汽车是追不上的，因为那是汽车中速度比较快的车了，不过村民们还是驾车而去，准备迎战了。

"你还是别跟着去了！"我高声对吉米说道，那时他正要跳上我驾驶的汽车的脚踏板。

"让我单独留在这里看不到好戏吗？！"他也大声喊道，"我可不是那样的人！我想看看好戏呢！"说着便上了汽车。十分钟后，我们已经都在汽车上，正在赶往飞机空降敌人的大致区域。

威廉没来得及换衣服，他还穿着睡衣，只套上了一条旧长裤。珍妮特穿上了吉米的一件旧外套。"真是太好了！"珍妮特有些兴奋，"这次一定很有趣！我今年整个夏天都是在乡下过的，除了照看孩子和摘熟了的水果之外，就再没什么事情可做了，已经越来越觉得无聊了！这件事情发生的正是时候！"

"真是太有趣了！"汉塞尔一边大声叫嚷着，一边使劲拉着珍妮特，防止她因为颠簸得太厉害而把她甩出去。"你们快看前面那些房子！那帮家伙已经开始下手了！"在我们前方两里左右的地方，我们看到一条红色的火舌从地面的房屋中迅速窜到空中。

当我们的汽车逐渐开近的时候，火势也越来越大。当我们到达上次这里发生水灾被冲毁的小桥时，就看见眼前有两处农舍和仓库被熊熊大火所吞噬。显然，干这事的恶棍是精于此道的。

我们赶忙把汽车刹停，可即使是反应这么快，我们还是差点撞到前面停在路中央的一辆汽车——大概我们全都顾着看着火的房屋了，没注意前方的路况。那辆汽车里面没有人，可是就在我们惊魂未定的时候，从右面的一堵不高的石墙后面传出来了声音：

"是你吗，汉克？"那个声音问道，"告诉你的人千万小心！让他们先都趴下躲一躲，右面的屋子里还有德国人呢，他们要是看见你们肯定要开枪的。糟糕！他们又开火了！"

紧接着传来的一阵乒乒乓乓的声音使我们每一个人都意识到，我们正处于很危险的境地中。

但是，当我们听到第一阵枪声后，便出于本能地赶忙从车上出来趴到了地上。因此我们都没有受伤。

枪响过后没过几秒钟，我们便顺着刚才说话的声音到了比较安全的石墙那边，并且全都趴在草地上了。我们还打算要在这里多待一会儿，这样算最安全的方式了。

那些伞兵在跳伞的时候肯定是带着机关枪的，因为石墙上的那边已经密布着弹痕了。几只臭鼬大概是把老窝安在了石墙的下面，在听到枪声之后它们正要仓皇逃窜呢。可是它们实在太慌张了，这会儿竟然忘了它们平时运用自如的自卫方法。躲在臭鼬附近的那个人低声说道："如果这些小东西放臭气的话，那它们实在比一百万个德国纳粹都糟糕！"这话听起来实在不像我们正处于危险境地之中。

"没错，"威廉趴在我耳边轻声说道，"但是在美国，甚至连一个小小的臭鼬都不会替希特勒干活的！"他说得没错！

躲了一会儿后，我们一致觉得这里不是久留之地。还是汉塞尔，还是他最先想到了办法。"我们应该派一个人出去警告后面来的人，"他低声说道，"后面的人可能马上就到了。如果他们一下子都赶来了，那肯定就变成德国人的活靶子了。"

"好的，我去吧，"威廉说，"我最擅长在地上爬行了，你们瞧好吧！"说着他便开始匍匐在地上往回爬了。他紧贴着能保护他的那道石墙，以免被可能突来的子弹射中。

25 自动自发的反击

　　此后的半小时，是我一生中度过的最不愉快的一段时间之一了。尽管我们都可以像威廉那样爬着退回去，可是我们面对眼前的景象实在有些着迷了，或者说是好奇心驱使吧，所以我们每个人都留在了这里，静观事态的变化。我们右边的那两间农舍和仓库燃烧得更为猛烈了，左边的房屋被德国人占据着，不时从里面射出些子弹，我们还听到了他们的交谈，还知道了我们是怎样被他们发现的。

　　此后不久，又有一些当地的农民加入到我们的队伍中来，他们可都是带着家伙来的，要和德国士兵决战。一直以来，我都对佛蒙特本地人持有一种偏见，认为他们行动缓慢、思想呆滞。可是眼前的事实证明我是错误的。他们不用别人告诉他们怎么做是正确的，怎么做是不正确的。甚至他们的行动是那么漂亮，让我折服：他们都匍匐着前进，始终把自己掩护在石墙后面，甚至有点真正军人的风范。他们一点一点接近德国人据守的屋子，直到他们认为那样的距离已经进入猎枪的有效射击范围了。紧接着，他们又发现了石墙上有一些小洞，可以把猎枪的枪管直接伸出去射击，他们小心翼翼地瞄准纳粹的屋子，然后开了几枪。不久，大路那边也传来了一阵急促的枪声，看来是帕利特和格兰维尔的人们也知道了德国散兵入侵这里，他们从山谷北边赶来，想和我们一起围剿这些纳粹伞兵。

26 与德军对峙

　　我们就这样挺害怕地一边看着双方交火，一边感受着前所未有的兴奋，以致丝毫没有觉察到时间已经一点一点地流逝了。当我低头看表时，天哪！已经过去两个多小时了！我们和那些纳粹士兵僵持了两个小时了！时间过得真快啊！没过几分钟，一声巨响之后，一些不知道什么东西的重物落在了我们这道石墙和那间纳粹把守的房屋之间的田地里。

　　"该死！"一个匍匐在我和吉米中间的年轻小伙子咒骂了一句，"那些一定是拉特兰的人用的内战时期遗留下来的老式大炮的炮弹。我怀疑它们是不是还能用。希望它们不要在发射之

拉特兰的人在用内战时期遗留下来的老式大炮轰击敌人。

前就爆炸了，或者发射到我们这里！"他说的不无道理，那么久远的东西，安全性确实值得怀疑。不过我们只能祈祷上帝，千万别发生我们不希望看到的事情。

从前几颗炮弹的坠落位置来看，发射炮弹的人显然不是合格的炮手。可是几分钟之后，经过前几次射击，他们的准星已经大大提高了：炮弹不再落在我们附近，而是越来越接近那间农舍了。最后，一颗炮弹正中那间老房子的一面墙（这个农舍大概是美国革命前就建好的房屋），紧跟着"砰"的一声，整个屋子就倒塌了，烟尘和灰土腾空而起，随后又有两颗炮弹最终将它结果了。我们认为还是稍等几分钟再站起身来，这个决定很快就证明是正确的：我们中的一个人把帽子挂在枪尖上，然后伸到石墙上面，还没等他收回枪，那顶帽子就被至少三颗子弹打穿了。不过，我们这个尝试也给了对面那些战友们一个暗示，让他们继续炮击！随后，十几颗炮弹精准地落在了已经成为瓦砾的农舍上，把那堆废墟的周围也轰炸了一个遍。为保险起见，我们还是等了一会，有人还是用一顶帽子做诱饵，可这次没有任何反应了。房子中的人大概不是已经被炸死了，就是受伤严重根本不能开火了。后来，一个农夫冒着危险站起身跨越了石墙。可即使是这么大一个目标出现了，农舍中也没什么反应。随后我们其余的人也大起胆子来，用附近每一块石头和每一棵树木做掩护，慢慢接近那座被打塌了的农舍。那间农舍已经是断壁残垣，不成样子了，可是我们实在太愤怒了，都恨不能里面的德国人全都死了！

我们如此愤怒还有其他原因：农舍前面的空地上躺着这间屋子的主人和他妻子的尸体，还有五六个孩子的尸体也在他们身边，想来是他们的孩子。他们都是被子弹直接打中头部丧命的，看样子是被德国人从屋中打死后拖拽出来的。令人多少欣慰的是，躲在屋里的纳粹已经都被干掉了！我们在废墟中搜寻了一下，只有一个还活着，他在废墟中被拖了出来，不过他只剩半条命了。在那种群情激愤的状态下，想要阻止那些农夫们用枪托把那个伤者的头颅打碎，实在有些困难。不过我想让他们不要就这么把这个受伤的敌人杀死，让他自然的慢慢死亡，并非我对这个万恶的敌人产生了哪怕一丝一毫的怜悯之情。他是我们现在抓到的唯一活口，我希望他能告诉我们一些能帮到我们的消息，比如，他是谁，他来自哪里，他们的计划到底想怎么样，和他一起参与其中的还有什么人，他们行动的规模到底有多大，等。当人们了解我的这些想法之后，便把那个人从手中扔到地上，让我问他问题。

　　"我们给你十分钟的时间，"首先翻过石墙的那个年轻农民对我说道，"在十分钟内试着从他那里得到你想知道的消息，然后他必须像他的那些同伴一样去死！这都是他们自己选择的道路。"他愤愤地看着受伤的纳粹士兵。

27 与垂死挣扎的敌人对话

　　这个受伤的敌人是被子弹射穿腹部和脊椎的，后来又被坍塌的房屋砸中。如同大多数脊椎受伤的人一样，他看起来并没有承受太多的痛苦：他的脊椎似乎已经被打断，因此他现在像是腰部以下瘫痪了的样子，这样疼痛会减轻很多。

　　"我说伙计，"我用德语说，尽量显得诚恳客气一些，"你看看这里，你们干的好事。"

　　听到我的话，他费劲地抬起头稍微睁大眼睛，用一种鄙视的眼神看了我一下。

　　"你说是一件好事！？"他带着浓厚的巴伐利亚口音对我嚷道，"好吧，就算是吧！可你现在还想怎么样？战争就是战争！战争就是这样！"

　　"是的，你说得没错，"我回答他，也用起了他所操着的巴伐利亚口音（因为我曾经花了五年的时间在慕尼黑大学学习），"战争确实是残酷的，我也这么认为，但是你们为什么要杀死这对夫妇和他们的孩子呢？他们可是无辜的啊！"我指着旁边的那几具尸体。

　　"我们过来的时候被他们发现了，如果被告密了，那我们周密的计划就完了，我们也很可能会被杀掉！"

　　我的天呐！我心里这么想着，在佛蒙特的这块田地上躺着一个即将死去的巴伐利亚青年，他正慢慢走向他这短短一生的尽头。他现在离他在巴伐利亚的老家有半个世界那么远，他的同伴都已经死了，可是，他依然"执着"地惦记着他们那所谓的行动计划。真是可怜又可恨呀！

"你从哪里来的？我是说，你们坐的飞机从哪里起飞的？"我进入正题，开始向他提问，以便获得我想知道的信息。

"我是不会告诉你的！"他的语气很坚决。

"你们属于德国哪一个集团军？"

"我是不会告诉你一个字的！"

"除了你们这一伙人之外还有很多人正在赶来的路上吗？"

"是的，没错！"他努力了一番从牙缝里挤出来，看起来他像是得意地笑了一下。"我们还有无数的人！他们正在等待命令向你们进攻呢！看着吧，你们！还有无数人呢！"

"你不要这么倔强了！"我警告他，用了一句巴伐利亚人平时惯用的但并不高雅的话。"你马上就要死了，现在不是你跟我们开玩笑的时候！"我希望这样的警告能起到作用。

"我知道我马上就要死了，"他说，"我请求你帮我做件事，好心的先生。"

"是要帮你请一个神父来吗？"看着这个垂死的士兵，我多少还是有些怜悯他的。

"什么混蛋神父！所有的神父都去死吧！我们已经脱离宗教好长时间了——呸！宗教都不是什么好东西！"

"那你想让我干什么？你最好快点，我看你的样子也就剩下几分钟的时间了，你要干什么？"

"你伸手摸摸我外套里面的口袋，口袋里有一张照片，请你把它给我，我要照片，求你了！我只要这张照片！"说到照片的时候，他的神志突然清醒了很多。

听了他的话，再看看他的表情，这似乎是到目前为止，我所见到的这个可怜的巴伐利亚青年所具有的唯一一点有人情的情绪。我猜想，他是想看着他爱人的照片死去。

我生平最讨厌做的事情就是像现在这样，伸手去掏别人的口袋。但是在我的一生中却不得不去做几次。经历过两次世界大战并且十分幸运的能够活下来的任何一个人，都会发现他们这样做有时候是必需的：你必须满足那些快死的人的最后一点愿望。我伸手去摸他外套里面的口袋，掏出了一个由廉价皮革制成的钱包。当我拿出来的时候，从钱包里掉出一个类似文件的东西——看起来像是官方的某样重要文件。当看到文件上印有皇家鹰号和卐字章的时候，我便知道这是什么了。那古老的鹰徽对我来说实在太熟悉了，以至于我不敢去辨认。这时候那个青年神智已经不清醒了，所以他没注意到这份文件从皮夹中掉出来。而我也非常小心地避免他把注意力集中到那个文件上。

"你想要的那张照片放在哪里了？"我问他。

"照片包在一张报纸里，请你把它给我。"他艰难地吐出几个字。

我掏出皮夹里面所有稀奇古怪的东西，发现有件东西看起来像是从旧报纸上剪下来的新闻纸片。当我正要把这些东西递给他的时候，我被眼睛扫过的东西震惊了：有些东西在我们一生之中是永远也不会忘记的，就像是眼前出现的最亲密朋友的手迹。另一样东西是我从小就开始看的一种报纸的特殊

将死的纳粹士兵认为宗教不是什么好东西。

铅字字体。没错，这段旧报纸正是从《鹿特丹新闻报》剪下来的。因为我小时候就是看着这份报纸开始学习拼写文字的。我那时候最喜欢看这份报纸上登载的轮船要开往什么地方去的广告，以及有些小商铺要廉价出售的物品中有些什么东西，比如梅斯、肉豆蔻和桂皮等，那时候报纸上刊登的类似内容最能引起我的兴趣。不仅如此，我对这份报纸的特殊字记忆深刻，以至现在事隔这么多年之后，我再看到它们时还能认得出来。

一时间我就这么呆呆地盯着这段旧报纸，而那个将死的士兵也注意到了我异常的表情和我手中的那张报纸。

"把它给我！"他恶狠狠地命令道。与其说是命令我，不如说他现在身体太虚弱，所以发出了比耳语还要低沉的声音，从声音就能听出来，他剩下的时间真的不多了。

"你先告诉我你是从哪里得来的这张报纸，我再把你想要的照片给

奄奄一息的德国兵

你。”我对他说。

“挪威，我从挪威来的。”他回答。

他话音刚落，我就突然从德语转变成我的家乡荷兰的口音，有些愤怒地说道：“你这头肮脏的猪！你明明在说谎——你是从鹿特丹来的！”

“就算我是从鹿特丹来的，那有什么关系呢？”这个受伤的士兵用我的荷兰方言问我，显得有些得意，好像我揭穿了他的谎言他并不担心什么。

“哦，很好啊，”我说，“你确实是从荷兰来的！不过，作为一个德国人，你的荷兰语说得不错啊！”

"为什么我的荷兰话不能说得很好呢？我可是在荷兰的飞机制造厂里工作了三年呢。"看起来他对自己的荷兰方言很满意。

"那他们对你不好吗？"我问他。

"他们对我很好。"

"所以你还是要回荷兰去，炸毁他们的房子，杀死那里善良无辜的人和他们的孩子，就像你今天早上在这里做的这一切那样，是吗？"

"你想要干什么？说这些有什么意思吗？战争就是战争，这就是战争，我有我的职责，我必须奉命行事。"

"这就是你除了吃喝拉撒睡的基本生活之外所学到的所有东西吗？——战争就是战争，命令就是命令，难道你就没有一点人性吗？难道希特勒已经把你们这些人的人性都磨灭了吗？"我的声音中充满了愤怒。

"我不明白你在说些什么，也不用明白你在说些什么！我有我的职责，我尽全力去做了，所以我没有什么可后悔的。我爱我的国家和我敬爱的元首。再过几分钟我就要死了，这样又有什么关系呢？还有一百万，一千万的人，他们会来这里并且替我们这些人报仇的。"报仇这个词并不是一个十分优雅的德语单词，但是他一遍又一遍地重复着，明显是在享受他自己的思想和话语。"我们将会征服和统治整个世界，这是我们的责任——拯救这个世界是我们的责任——我们的责任！我们的职责就是征服世界。如果我们不得不去除掉一些不明白这个道理的人，还有我们所做的其他类似事情，那么，我也认为那简直是太糟糕了。但是，那又能怎么办？又有什么关系呢？我们的职责就是统治世界！谁也阻止不了我们！"

他如此激动地就现在世界的形势大放厥词，这使他精疲力竭，但是我并不想阻止他。他就像一块正常工作的瑞士钟表，他现在正在报时，除非它自已报时完毕，否则是不会停下叫声的。

然而随着时间一分一秒地过去，他变得越来越虚弱，直到他闭上眼睛。过了几秒钟还没睁开，就在我想他再也醒不过来的时候，他突然睁大双眼，声嘶力竭地乞求我："把照片给我吧，我想看着它死去。"

"除了给你照片，你还想让我写封信通知你的这位爱人吗？"我有一些怜悯地问他。

他嘴巴向下弯曲，带着深深地鄙视说道："爱人？！"他很想装出一副嘲笑的样子，可是因为气力衰竭没有成功。"你们这些人想的就只是女人和金钱！我们德国人单就这一点就比你们强多了！爱人？哼！快给我照片！"

我把一直在手上拿着的照片递给他。照片一直是正面朝下的，所以我一直没看到照片上到底是什么，不过在听他说这句话之前，我一直认为那是他爱人的照片。这个德国青年一把夺过照片——他的气力如此微弱，可是那一下还是显示出了他坚定的决心。当他把照片翻过来时，我才知道，原来是希特勒的一张照片——这个士兵紧紧地抓着照片。

"现在一切都好了，"细微的声音从他嘴中挤出来。德国青年看着照片上阿道夫·希特勒的脸，露出了一种欣慰又幸福的笑容。他似乎感到前所未有的愉快，然后眼睛一闭，就死了。

那个答应给我十分钟时间的农夫返回来了，他对我说："好了，时间到了。现在我们要把他带走了。你说好的，时间一到他就归我们处置。"

"好的，你们把他带走吧，"我对他说，"还是把他埋了吧，他已经死了。"我又看了看这个已经死了的纳粹士兵。

"他告诉你什么了吗？"农夫看了一眼地上的死尸。

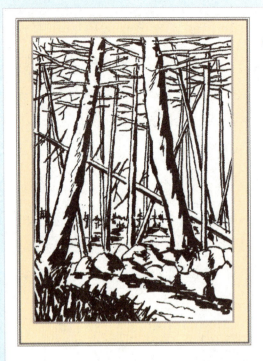

战争带给人们的灾难

　　"说了，不过也可以说他什么都没说。不过我真正想要知道的东西在这里，"我把从那个士兵皮夹里掉出来的文件拿给他看，"刚才我还没有时间看里面的具体内容呢，不过它肯定会告诉我们想知道的东西的。"

　　"好的，你快去看吧，看完后记得告诉我们一声，好让我们有所准备。哦，对了，我们还得把这里的乱七八糟收拾干净，把这些家伙埋到庄稼地里，他们可能会是很好的肥料啊。我们乡里负责殡仪事务的人将会把这一家人抬走的，我们打算明天给他们发丧。"说完他便叫上其他人一块忙了起来。

28 破译纳粹文件

我想，阿道夫·希特勒今天早上应该会感到满足了：他在短短一个小时内就把这里这些平日里非常随和又和蔼可亲的人们变成满腔愤怒和仇恨的嗜血野兽。

我问汉塞尔是否认识住在这条路周围的什么人，好让我有地方仔细研究那份文件。他说这附近有他认识的人。"我想他们应该会同意我到他们家里去，把这份德语的文件翻译出来吧？"我自言自语道。

"我想他们应该会愿意的。"汉塞尔说道。

说着，我们就打算去那户人家了。我们穿梭在周围大量密集的人群中，这些人是从山谷的各个地方聚集到这里来的，而他们开来的汽车将这条原本很宽敞的马路堵得如此彻底，以致我实在想不出过一会儿他们将怎么把这些汽车再开回家去。

厄尼西在不远处的桥头遇到了我们，他让吉米和珍妮特搭车回镇上去，沃尔特也和他们一起回去，现在沃尔特对站在行驶的汽车脚踏板上很感兴趣。过了一小会儿，我们就找到了那户人家。汉塞尔把我们一行人的目的介绍给住在这里的农夫朋友，从屋里出来的还有他的妻子。

"当然可以，没问题！"当他听到我们想让他帮忙的时候，他显得很热情。"你们先坐下，别客气，就像在自己家里一样，贝茜，过来一下，把小桌子从客厅里搬出来，给汉克的父亲搬过去。"

我把那份德语文件平铺到小桌子上，然后和威廉一起开始研究这份文件。

从文件内容来看，制定下发这份文件的人对佛蒙特州的地理地貌了如指掌，从里面出现的地名来看，不仅我不能相比，甚至就连汉塞尔和他们相比都有些差距。不过幸运的是，当沃尔特·哈灵顿听说我们在这里时，他就及时赶来了。土生土长的沃尔特对这里的一切都已经烂熟于胸了，他能很轻松地说出关于他的故乡的每一条溪流的名字、每座山峰的名字以及任何一座被废弃的采石场的名字。我想，他甚至能准确地叫出当地很多种土拨鼠的名称，甚至在他的亲密朋友中，当地的大灰熊就能占到不小的比例，我想能有十多头吧。总之，他的到来对我们的帮助实在太大了。

从文件上频繁出现的当地地名来看，这一地区的地图始终在纳粹将领们的头脑中，他们肯定日思夜想地应该如何更有效的利用地形来实施侵略计划。沃尔特、汉塞尔、威廉和我，我们四个人根据文件上的描述，一起研究了起来，我们要弄明白，纳粹参谋部的那些人是如何计划着侵略美国的这一部分领土的。文件里的用词和语句显得十分谨慎，他们很小心的不去暴露这个伞兵部队的侵略身份，而且我们也没弄清楚这第一批人到底是从什么

山谷中的人们

地方飞来的。我猜他们可能是从新斯科舍省过来的。但是，由于后来我们的海军在塞布尔岛附近成功击败了德国纳粹舰队，从那里侥幸逃生出来的纳粹分子实在太少了，所以关于对这一地区并不成功的入侵的详细情况还是不得而知。不过，从这份文件中的话语透露出来的信息可以看出，他们对于袭击纽约州北部地区的计划已经准备得相当精细和彻底了。怪不得当袭击开始之后，纳粹的行动一环紧扣一环，而我们却毫不知情。由十二个士兵组成的先头部队乘坐飞机，在佛蒙特州的梅塔威山谷空降到地面，他们着地后先在附近的农舍中据守，继而把握各自的时机，尽早掌握从拉特兰郡到曼彻斯特之间的一些重要地区和重要场所的控制权。这股先头空降部队的主要任务是完全切断佛蒙特州南北两部分和与尚普兰湖地区的交通联系。如果他们空投之后在当地遭到攻击，就要尽力反抗，并且坚守到最后一人，以便保证计划的后续部分得以实施。这个计划的开始部分确实是按上面的要求贯彻执行了，然而令他们意想不到的是，佛蒙特州的人民行动迅速，并且对付敌人火力十足，这就完全破坏了他们命令中"既定的切断这个地区南北两方同外界交通联系"的详细计划。

随后而来的是这个命令中最有趣的部分了。东部地区标准时间，当天下午五点十七分，此时太阳位置对于保护伞兵来说是最有利的，因为如果此时地面有防御部队的话，太阳光会直射到他们脸上，这样就很难瞄准空中的伞兵了，另外一股由一千二百名士兵组成的部队会在这个时间左右在梅塔威山谷上空由飞机空降下来，以加入已经潜伏在这里的先遣小队的行动中去。他们空降后会以武力强行征用当地所有的汽车，然后七点钟时他们就应该到达多塞特郡了。到达多塞特郡，这股部队将分出一个五十人的小分队，并给他们留下四架机关枪。这五十人的小队将分成两组，分别扼守通向曼彻斯特的交通，其中一组主要负责西路，另一组则利用当地的一家锦旗店做据点，控制东路。剩下的人用尽可能快的速度向曼彻斯特继续前进。因为他们的探子得到情报，佛蒙特州北部的美国军队会在这个星期内到纽约参加在那里举行的一场军事演习。如果那样的话，这股空降兵到时候会因为奔袭距离过远而发挥不出奇袭部队原本应该有的作用。

然而——德国的这个命令继续说道——上面提到的这股德军将会在八个小时之内再次返回佛蒙特州。在这八个小时中，由机械化配备的伞兵们组成的飞行纵队将会经过阿灵顿和本宁顿，并沿着预定路线在他们有效的降落前到达奥尔巴尼。一旦进入奥尔巴尼，他们将会同事先藏在几艘挂有中立国国旗的船只中的纳粹军队汇合，这样周密的计划肯定能保证部队准时到达目的地。停靠在码头的船只，其中有两艘挂着中立国瑞典国旗，另外一艘则挂着葡萄牙国旗。这些船只在到达纽约港例行受到港口管理处检查时，将会出具相关的证明文件，以向港口当局证明他们是到奥尔巴尼装载货物的普通商船。在顺利通过检查之后，便可以说万事大吉了。一旦这些部队成功控制了奥尔巴尼这个区域，那么德军就能轻而易举地控制整个哈得孙峡谷地区了。

在那之后，位于纽约的德军高级指挥部将会直接指挥这些部队，下达进一步作战命令。这个文件还进一步对这些伞兵行动的小队指挥员提示道，如果行动顺利，他们如期进入纽约的话，可以根据当时的具体情况，抓捕纽约州州长作为人质，以便让州长的那些犹太同胞们不敢轻举妄动。这样一来局势就对他们更为有利了。

德国纳粹军队的计划真是令人难以置信啊！甚至连我们最受尊敬和最有能力的公务员，大概也会被牵涉到这个看起来其实很简单的军事行动命令中去。而犹太人牵涉进来正中希特勒下怀，这样就可以给纳粹军队的陆军上校们一个在"犹太叛徒"身上发泄他们反犹情绪的机会。

29 将计就计

这份德军文件上还有更多信息，但我们现在已经知道的足够多了。凭借我们目前研究出来的计划中的这些部分，已经足够使我们意识到佛蒙特州这一地区的危险有多么严重了。我转向沃尔特，对他说：

"我说，你现在还是佛蒙特州的议员吗？"

"不，我已经退出议员行列了。我不可能写作、经营药房和书店以及在政府部门任职所有事情同时兼顾啊。"

"可是这里的居民们你现在仍然还都认识吧？"我问道。

"我想，差不多是这样的。"

"他们也还认识你吗？我想他们至今还尊重你，并且会尽量服从你的命令吧？就像你以前是一名州议员的时候一样？"

"我想他们还是会的。"沃尔特认同地说道。

"那真是好极了，我想我们现在有一件事情必须抓紧完成，就由你来主持这件事吧。我觉得这里应该由你来做主。为什么我刚才没想到呢？你是这里最合适的人了，这个时候正好需要你的影响力呢。"

"好吧，我没什么好反对的。快说吧，你希望我做些什么呢？"

"我们应该先弄清楚一件事情。必须承认，我并不是一个真正的军事将领，但是比起这些现代化军队和战略来说，我知道许多关于特洛伊人和巴比伦人的战争策略和事情。因此，我想我现在应该是已经比较明白纳粹分子们有可能想到的战略了。我觉得有些事情你应该试着去做——我的意思是，如果你能做到的话。"

"好的，没问题，你还是快说出来吧。"

"嗯，好的，你们想想看，德军一定会在今天下午早些时候派另外一架飞机来侦察情况，看看刚才被我们消灭的那股先头部队情况如何，看看这里的形势是否和他们计划中的假设相吻合。"

"就算这样，可我们没有办法阻止他们来侦察情况啊。我们没有飞机可以和他们对抗，而且，我相信整个佛蒙特州都不会有专门用来对付飞机的高射炮的。"

"这确实是我们做不到的。但是如果你能够想办法把当地这些看热闹的人都赶回家，让敌机来侦察的时候，认为这里的一切都像他们计划的那样，不就可以了吗？再进一步，我们可以故意让他们相信这里的情况。你可以找人把那一小股伞兵带着的纳粹卐字旗插在一棵树顶上，这样飞机飞过来时就会看到。他们肯定会认为自己的同伴已经站住脚了。当然，侦察机能够在空中看到这棵树的情况的话，那么他们肯定也能看见地上的房屋，我们可以在离房屋不远处摆放一些障碍物，那样看起来就好像我们曾经试图保护过自己一样，显得更加真实了。侦察机注意到那些障碍物，再联想到我们做出来的假象，就会飞回去报告给他们的总部：这里的一切已经按他们的原定计划顺利进行了。"

"太棒了！这个主意真是很好啊！"沃尔特说，"不过，之后我们该怎么办呢？当那一千二百名纳粹军开始在我们头顶降落时，我想我们能做的也就是等着，看着他们全都安全降落到地面吧？"

"为什么不能是这样呢？"汉塞尔接过我的话，对沃尔特说道，"佛蒙特州有很多农民家里有步枪，当敌人降落到地面的时候，我们就可以组织当地人开枪向那些纳粹射击，刚刚落下来的纳粹们还没解开降落伞，更别提能有效反击了。"

"但我们当地的人可都从没想过能在一场真正的战争中开枪，他们不是士兵，没接受过训练，他们只是普通百姓而已啊。"

"他们当然是没想过的，但是美国宪法中关于朋友的定义是什么？假设你打电话给政府，说马上就有战争爆发了，而且州长立马相信了你的话，那政府就会立即下发征兵通知，凡是年满十六周岁的男性公民都可以加入到属于佛蒙特州政府的民兵部队中。我这么说没有错吧？"

"我想我们已经有了类似这样的法律条文，只是从来没有实践过。佛蒙特州百姓并没有进行过正规的操练，他们也没有经历过军队生活，他们很不喜欢那种军队生活方式。"沃尔特耸耸肩说道。

"但是如果你将今天早上在这里所发生的一切告知他们，他们便会很情愿的加入战斗了。因为这是在保卫他们自己的家园啊。参加战斗就是保卫自己。"

"如果是这样的话，他们当然肯战斗了！"

"那么，既然这样的话，我们为什么不尝试一下呢？说不定立即就会有效果呢。"

"太好了！我们确实可以试一下的！在蒙彼利埃，所有人能做的事就是说不，那些纳粹将会得到最强烈的反抗的！噢，对了，多塞特郡可以交给哈利，让他到那里去开展这项工作。不过我不知道我们这里的电话是不是还能用。"

"能用的，就在几分钟之前还是可以的。"

"很好，"沃尔特说，他转过身去，把正站在走廊前面树下的两个当地年轻人叫了过来。他喊道："喂，我说伙计，埃尔默、艾特，过来一下。给你们布置一项任务。"

那两个年轻人走过来了，但是他们走得很稳重，并不很着急。他们一看就是佛蒙特州当地的人，他们讨厌听从任何人的命令。但是现在这个时候，他们也似乎感觉形势严重，不是斤斤计较"宪法所赋予的权利"的时候，所以他们问沃尔特叫他们过来干什么。沃尔特用比较凝重的语气将情况简单地介绍给两个年轻人，然后又很轻松地、像是讲笑话般的把我们的计划说了出来。他说，我们必须让一会儿飞来的敌机认为他们的同伴已经成功控制了这里，而且要把纳粹的旗子插到大树顶上去，这样才能做得更逼真一些。当然，那一伙纳粹士兵已经被埋进黄土中当肥料了。还有，要在那座倒塌的房屋周围布置一些障碍物，那样看来才像我们做过一定的反抗一样。不过，那座房屋是在大树环绕中，在几百尺高的空中可能根本看不见的，不过还是要做一下伪装的。沃尔特幽默的语气感染了这两个青年，他们都笑了起来，似乎交给他们做的事情真的是十分有趣一样。

"当德国佬们的飞机飞过来时，我们甚至可以给他们放几枪，那样会使它变得更加真实。"一个青年笑着说道。

沃尔特对这个建议似乎并不赞同，他说："我看不成，"他提醒这两个人，"首先飞机飞行的声音很大，他们在空中根本听不到枪声；其次，那样会浪费你们的子弹的，等大股德军空降的时候，我们可要留足了子弹朝他们开火呢。"

他们严肃地点点头。"沃尔特，"那个叫艾特的小伙子说，"你确实是

凡是年满十六周岁的男性公民都可以加入到佛蒙特州政府的民兵部队中。

考虑周全。但是我还有一个想法。我们可以找一些人敞开衣服胡乱躺在马路上装死，这样当飞机飞过来侦查的时候，肯定会以为这些尸体是他们躲在屋子里的同伴干的，这样他们就更不会起疑心了！"

这个建议得到了所有人的肯定。我们在商讨完一些细节问题后，一场关于备战的会议就此结束了。沃尔特知道，让这些充满斗志的年轻人自己准备会更加妥当，所以他就在院子里同他们道别了。

"就这样吧，"沃尔特说，"你们一定要记得，凡事小心谨慎就行了。"

"我们会小心的，放心好了，我们一定会给那帮纳粹们演一出好戏的！"说完，他们走向马路中间，将我们说的情况和做的决定传达给那些仍然聚集在路边的人们，让人们快点开车回家，做好敌机来侦察前的各项准备。

30 各自准备

对我们而言，把车开回去就挺简单了。因为沃尔特在之前把汽车停在半公里远的路边，所以我们走过去上车后，掉转车头方向就能往回走了。十分钟之后，我们已经走出了那片刚刚战斗过的地方，在返回旅馆的路上。当我们要穿过大桥时，我再次回头看了一下我们吩咐那些农夫们所布置的假象：纳粹德军的旗帜已经被固定在马路附近的电线杆顶端，在空中迎风飘扬着；而那座大房子则完全被树遮挡住，所以即使我们距离那里比较近，仍然看不出它现在是矗立在原地还是已经完全倒塌了，虽然我知道，我们离开的时候那里已经是断壁残垣的景象了。当然，那些老式大炮的炮弹爆炸已经对周围的树木和灌木丛造成了很大影响，不过这并不表示侦察机在高空就能看得到，毕竟飞机距离地面太远了。看来他们一切都布置妥当了，这样已经差不多可以迷惑飞机上的纳粹们。剩下的事情就要看沃尔特和州长先生将会怎么交涉了。很快，我们就回到了住处，沃尔特要继续他的任务，所以我们就在旅馆门口相互道别。在过去的一个小时中，我开始头疼，而且越来越疼。不仅如此，头疼牵连到了我的视力神经，我几乎不能直接看清楚周围的一切。我尝试着环顾四周，但还是老样子。很明显，我的老毛病又发作了，它来得真不是时候啊！威廉得知我头疼越来越严重之后，拿了钱便替我到马路对面的药店里买我需要的药品。在他买药回来的空隙，我坐下来跟约翰和玛丽交谈起来。

炮弹在山里爆炸

在简单向他们说明情况之后，我想起了一件事情。"今天下午我们需要约翰帮忙，"我对玛丽说，"因为我们要开车出去走很长一段路，这样就需要他来帮助我们了。当然，现在文件中提到的那股纳粹军队可能已经开始按计划行动了，他们的飞机可能一会儿就要来了。如果沃尔特能动员起十里八乡的村民们，我想，那些空降下来的德国士兵是很难逃脱一死的。可沃尔特去四处宣传的结果我们现在还不得而知，这些乡下人得知实情后到底会怎么样现在还不能确定。如果他们不想参加战斗，而是想去山里打几只野兔，那我们也没什么办法，那可是他们的自由。经过早上激烈的交火，我想已经有很多人被吓着了，所以我觉得现在人们的情况其实并没有我们想象得那么乐观。所以，为了安全起见，你和孩子们以及哈利和他的妻子，你们最好一起先到汉塞尔在这个村子中的住所去，我想那个位置相对安全一些，你们一定要等到一切恢复正常再离开那里。他有三个孩子在家里，我想你的孩子们和他的孩子们在一起住几天一定会玩得很愉快的。我们可以到前面的杂货店里帮你们购买一些必要的生活用品，这样住起来更方便一些。哦对了，格蕾丝还能讲一些她熟悉的钢琴家们的故事给孩子们听，小孩子都是喜欢听故事的，我想这样的话你们在那里应该会感到有趣的。

"哦，还有，她家的猫叫约翰尼尼，她还可以给你们讲一些关于那只猫的趣事呢，到时候你们肯定会笑翻天的。我觉得即便纳粹军队真的空降成功，我们抵挡不住的话，你们那里也会是很安全的。因为珍妮特知道一条小路，那条小路通往好莱坞山上一处平时没人知道的偏僻农舍。如果纳粹袭击成功，你们再躲到那里去，到时候就没有人会发现你们了。就算那份文件上对这里的情况相当熟悉，但是那间极为偏僻的农舍他们肯定是侦查不到的。不过话又说回来，纳粹的那些参谋们在纸上的计划看起来是不错，但是我相信他们最终是要失败的，就像今天早上发生的事情一样，最终胜利的是我们！他们以为就像当初轻易占领了挪威和荷兰那样吗？这两个国家的人只会听政府的命令，政府不下通告他们就不知道做任何事情，哪怕面临生死考验了，他们也有些无动于衷。但是纳粹们肯定是不了解佛蒙特州人民的，即使他们对这里的地形了如指掌，也没弄清楚当地人的性格。那些军队士兵肯定会对这里的人们还活着这一事实而感到惊讶的。就这么定下来了，等珍妮特买东西回来，就让约翰开车带你们去好莱坞。等你们顺利到达那里后，如果约翰还愿意的话，他可以再开车回来。我想约翰下午在我们身边，说不定会派上大用场的。现在每个人的作用说不定都会很大的，人多力量大嘛。"此时，威廉买完我需要的药回来了。我提醒他们，不管发生什么事情，我们都要感激上帝给我的仁慈。继而，我向旅馆服务员要了一杯水，吃了几片药，便自己扶着楼梯准备上楼进屋了。其他人也互相交谈了一会儿后，到旅馆外面的长椅上坐下，闭目养神了。过去的十八个小时真是把大家都累坏了，当然，不仅是劳累，还有相当大一部分是兴奋和害怕的情绪，大家都想借这个机会好好休息一会儿。

31 旅馆经理的疑惑

就在我忍受着相当大的痛苦爬上楼梯的前几层时，我在模糊的视线中注意到旅店的经理在朝我打手势，他好像是示意我过去一下，到他站的桌子那边去。

"我想问您点事，"我走到他近前时，他轻声说，"只占用您一分钟的时间。"见他用这么小的声音说话，我猜想他是不想让别人听见我们的交谈内容，于是，我身体倾向桌子那边，当然，我已经很累了，这种姿势也能稍微缓解一下疲劳。没想到的是，桌子被我的手按压得吱呦响了几下。"什么事情？"我问他。

"很抱歉，打扰您了，"他先给我道歉，"那个夫人几分钟之前才出去，所以现在我还能比较放心地说话，她回来之前这段时间我还是能向您说说她的情况的。我想您在纽约应该认识很多人吧，在您认识的人里面，有没有一个夫人叫考恩（Kohn），考恩夫人的？"

"我的天呐！在纽约市里能有三百万人姓考恩的！"我告诉他。我不由得感到有些奇怪，他为什么要这么问呢？"电话簿上有一半的名字是考恩呢。还有，Cohn里有一个C，Kohn里有一个K，Kuhn里有个u。你说的是哪个考恩呢，先生？"

"她说她是巴鲁克·考恩太太。"经理对我说。

"那就对不起了，我曾经认识一位叫作巴鲁克·德·斯宾诺莎的先生，但是他从没有结过婚，而且他已经去世很久了。你说的这位考恩太太有什么不对劲的地方吗？你觉得她哪里显得很神秘吗？"

"是的，先生，您说得还真对了，这位太太确实有些神秘。我个人就是这样的，我对周围的事物有很强烈的好奇心。噢，不，其实她看起来也还是相当正常。她付清了住宿和其他消费的账单，她也没有喝醉过，她甚至不是犹太人，或许她是半个犹太人，不过我不清楚，谁知道呢。前几天，我碰巧看到一个像是家族徽章的东西从她的手提箱上脱落下来。还有，我还注意到她的行李箱上，镶嵌着一枚大大的标记，那是一顶大大的皇冠，或许也是一个徽章吧。那个皇冠真是够气派的，又大又气派！看起来十足的贵气，可是这样的徽章，我觉得和那位考恩太太的样子以及行为方式不太配套啊。"

"她自称是什么太太？"经理这么一说，倒真的勾起了我的好奇心，一时的兴奋甚至让我暂时感觉不到累了。

"她是一个住在波士顿的富裕人家介绍来的，那个人家相当有钱，好像名声也很大。他们写信来只告诉了我们他们有一个朋友要到我们旅馆住宿，信里只是说了这个朋友到达的日期，但是并没有透露她的姓名。"

"嗯，经理，你现在听我说，"我对经理说，听了他的解释，我有些着急了。"我现在真是头疼得厉害，但是我们现在是在美国，不是住在德国，你也不是在德国开旅馆。我并不相信会发生那样的事情。当我们的想法和行为要涉及种族的界线时，都得格外小心谨慎，种族这种事情是开不得玩笑的。在我看来，既然她的名字是考恩太太，那么她为什么不可以用这个名字在旅馆登记住宿呢？"

"但是如果她不是犹太人，那她为什么要这么做呢？这就是我觉得她很奇怪的地方。我们这里每天都接待很多客人，我也见过很多犹太人假装他们不是犹太人，还努力证明给我们看。但是我从没见过哪个不是犹太人的客人非得做出一副自己就是犹太人的样子来！我想，就是这点让我感到奇怪，也有些担心，先生。尤其是最近人们都在谈论第五纵队这一类事情。你知道的，现在好像真的有些不太平了。"

"关于这位太太，你还知道些什么事情吗？她有丈夫吗？她是离婚了自己过吗？巴鲁克·考恩夫人——不，很抱歉，先生，但是我不认识这么一个人，而且也从没听说过这么一个人。"我又想了想我认识的人群，确定我并不认识这位考恩太太。

"她告诉了我们一些关于她丈夫的事情。她丈夫是威斯巴登的一个医生。没想到纳粹军把他关到了集中营里。这位太太在美国有一些朋友，他们听说之后就凑了些钱寄给她，她用钱贿赂看守集中营的警卫，好让她丈夫能从里面放出来。可是我觉得这些话听起来很可疑，因为我在杂志上看到的一些故事并不是这样的。她丈夫从集中营放出来后，她就想办法把他弄到了美国。由于在集中营里受到的折磨实在太严重了，所以她丈夫到美国后不久就死了。丈夫的死对她的打击相当沉重。她的医生告诉她，她应该好好休息一段时间来调养一下身体。所以她在波士顿的朋友们就建议她到这里来，来这里度假放松放松。她的朋友们甚至付清了她的账目！这样看的话她现在很穷。如果她说的一切都是真话，那么，纳粹们肯定是掳走了她家里所有的钱款，真是可恶的东西！"

"这一点应该是真实的了。纳粹士兵什么都会抢的，只要他们看上了，就会抢到手的。可是我还是不明白，你觉得她有什么地方奇怪呢？"

"不是的，当然不是这样的。你还没听我说完呢，后面才是最重要的

一个不是犹太人但极力装出自己是犹太人的女人住在这里。

呢。她说自己很穷，甚至连房钱都是朋友给出的，所以她只能住在纽约东139街的一处简陋单间公寓里。这一点如果是真的话，那么她实在是够可怜的了。可是，先生，如果她真的住在纽约东139街的那处单间房里，那么为什么她所有的来信，信封都是属于纽约一家最豪华高档的旅馆呢？"

"你说的那些信封属于哪个旅馆？"我问道，对纽约的高档旅馆我还是比较熟悉的。

"广场饭店。"经理回答我说。

"嗯，你说的没错，那的确是一个很好的旅馆。"我点点头对他说。

"那当然是个好旅馆，住在那里是要花不少钱的。可是，先生，那位夫人说她因为没钱，所以只能住在东139街的那处单间公寓中，可是她的信件又怎么可能从广场饭店转寄到我们这里来呢？你说这是不是很奇怪呢？"

即使听了经理说了这么多关于这位夫人的事情，可是，我现在真没觉得她有什么好奇怪的。这个死了丈夫的德国犹太人现在是个寡妇，她很穷，住在纽约东139街的一处小房子里，而她的信件是从纽约高档的广场饭店转寄到这里的。或许她那些家在波士顿并且愿意为她付钱的朋友中的某一个现在就在纽约，而且就住在广场饭店里。这种可能也是会有的。

"你还知道些什么情况，再多说一些。"我对经理说。我知道，那些自以为是福尔摩斯那样的大侦探的人，在发现他们家里的桌子上遗留着的像血迹似的可疑之处，最后证明原来只不过是不小心滴在桌子上的红墨水时，他们肯定会很不高兴的。

"您是说关于那位夫人的情况吗？"经理问我，看来他并不明白我的意思。

"她在你们这里的时候，整天都干些什么？她喜欢和人交往吗？"我点点头说道，试图引导他再说些什么。

"要说喜欢也行，也可以说她不怎么喜欢和人说话。当别人先跟她说话时，她是十分友好的，而且待人很有礼貌。我想你应该明白我的意思。不过总的来说，她更喜欢独处。她经常出去散步，说散步是为了自己的健康能尽快恢复，同时也为了减肥瘦身。但是，我注意到，她从旅馆出去之后总是走相同的路线。她一走出旅馆就向左转，沿着通向山谷的那条路走，但是她每次都是从另一条路回到旅馆，因为她总是从旅馆右边那条路走回来。前些日子，她告诉我，她十分喜欢我们这里的风景，问我是否有人曾经在空中拍摄过我们多塞特的美丽景色，她想在离开这里之后还能见到关于这里的景色的照片。我说以前曾经有一家纽约的什么公司来这里拍过一些自然风光，我答应给她找一些出来。听我这么说后，她显得很高兴，并且说她想多要几份那样的照片。我跟她说照片是要花钱的。她说她不在乎要花多少钱，她就是喜欢留着以后再看看，而且，她波士顿的朋友会在最后结账的时候把这些钱一块付了的，让我不用担心。她说最主要的就是拿到那些风景照片，特别是通向山谷的林荫小路和河谷中架设在河流上的那些别致古桥，她觉得那些是这个地方最美丽的风景。如果是真的，那她可真是太喜欢我们佛蒙特州的桥了。我从来没觉得那些桥有什么令人迷人的地方，更何况是把人迷到这样子了。因为它们大部分都是在之前的洪水过后刚刚修建好的，最多也就是五年之前。用的都是钢筋，上面没有任何图式花纹——仅仅就是一座桥——混凝土桥。但是，当时我就告诉自己，或许她是人群中为数不多的'桥迷'呢，这也有可能啊。其他人来到这里都是为了进教堂或是看看我们这里的古树。我又何必关心这些呢？如果她真想要那些照片，喜欢看照片上的桥和小路，那和我也没什么关系，她花她的钱，我只要能收到付款就好了，其他都和我没关系。"

听到这里，我还是觉得没什么值得奇怪的，于是我决定试一下从其他方面引导这个经理。我问他："这段时间里，有没有什么人来找她呢？"

"这倒没有，不过差不多每隔一天的时间，就有一个男子开车从曼彻斯特方向过来找她，男子开的汽车挂着纽约市的牌照。他们俩看起来关系很好的样子，一见面就很高兴地聊起天来。那个男子还经常带来些包裹送给这位夫人。你知道的，我本来就觉得很奇怪了，所以破例让一个女服务员到她房间中打开她的储物柜，看看那些包裹里到底是什么东西。服务员说包裹里是些糖果，十多盒十分名贵的糖果。先生，住在东139街单间公寓的穷人是买不起那种值钱的糖果的，难道你不这么认为吗？"

"这位夫人住的那条街似乎一直让你很担心啊？"我用有些开玩笑的语气对他说。

"是的。我必须承认确实是这样的。关于她的故事，就是这一点与实际情况最不吻合，也是最值得怀疑的地方。"

"你的意思是你觉得她有点过于聪明了？"

"确实是这样，先生，我确实觉得她有点过于聪明了。如果她一开始就告诉我们，她来美国后就住在广场饭店，那我也不会有什么好奇的，因

神秘的女客人对桥情有独钟。

为我们这里很多客人都是从那里来的，而且也能和她的这些事情对照起来。但是，如果一个人明明没有钱，却住在一家平民旅馆中，他是绝对不会告诉别人他的用人会把行李带过来的，因为如果他真的请得起用人，那就会去住高档旅馆了。"

　　我现在依然不明白经理想要推理出什么结论，所以，我就像一个受过良好训练的侦探那样不停地思考着：在这种情况下，如果真的是一个侦探在这里，他将会做些什么呢？我思考了一下，便问经理能否让我偷偷地进入她的房间待一小会儿，让我见识见识她那些神秘的糖果盒子里究竟装了些什么东西。这些东西很可能会给我们提供一些有价值的线索，因为一个女人为了减肥天天要到外面散步几小时，天天如此，那么，按照常理来推断，她是不可能吃那么多糖果的。吃糖果肯定是与散步减肥相抵触。没错，我相信那些神秘的糖果盒子会告诉我些什么事情的。听了我的话，经理显得有些为难，可是很快他就做了决定。经理说："当然，先生您是知道的，让陌生人进入我们任何一个客人的房间都是不合我们旅馆规矩的，我想这一条在哪家旅馆都是一样的。而且说严重了，很可能都是违法行为了。如果我的上司事后查出我允许您进去了，他们肯定要解雇我的。不过，你还是进去看看吧，因为我实在对这位太太的真实情况感到好奇。她的房间门现在可能还没上锁，是上楼梯后右边的第三个房间。你一定要快，我请求你了，先生！我觉得她就要散步回来了，所以你得抓紧时间。不过就算她回来了，我会想尽办法拖住她的。等你看完下来之后，你还可以和她说说话。我们还是别说了，你快点上去吧，我的上帝，快点，快点！我可不希望出任何岔子，我可不想被解雇啊！"

32 进入房间探虚实

我抓紧上楼去了，上楼的速度比平时快一些，我也希望在那位夫人回来前就能结束行动。刚才服的药这会已经起到作用了，头不再疼得那么厉害了，视线也清晰了很多。我看到女服务员正在其他地方忙碌着。右边第三个房间的门果然没上锁，我便推门进去。这个房间，我瞥了一眼就知道住这个房间的人肯定习惯了相当奢华的生活。化妆台上的刷子和梳子以及各种用品，看起来确实不像住在东139街的简陋公寓里的人能用得起的。在一个手拿式的小镜子背面，我发现了一个很大的皇冠标志，我赶忙数了一下皇冠的尖角数目。可是皇冠的尖角实在多得让我惊讶，这显然不是一个德国犹太难民的单身夫人所能使用的。面对眼前的东西，我的疑心也慢慢增加了。壁橱的门是半掩着的，我顺手打开橱门，里面确实放了很多五颜六色的糖果盒，我甚至觉得整个橱子里除了这些盒子之外就没有其他东西了。我拿起一个糖果盒看了起来，这是一个5磅重的糖果盒子，可是它的重量却让我觉得它实在太轻了。我决定打开盒子一探究竟：盒子里面塞满了棉布、棉花之类的东西。可是我突然又在盒子里面看到了像香肠一样的一小截东西。虽然只看到这么一点，但我知道这一小截东西就是炸药！如果按照这个盒子中的东西来推断，那么这里所有盒子里装的都可能是炸药了！

于是我拿起第二个盒子并打开，根据早年学到的知识我知道，这些炸药管只要没有遭到突然撞击或者有意用力敲打它们，那么它们还是比较安全的，所以我打开第二个糖果盒时万分小心。当看到第二个盒子里面与第一个盒子里面装着相同的东西后，我真是感到很震惊！然后我突然想到，让我今晚住在这个藏有这么多炸药管的旅馆中，实在是一件令人很不舒服的事情。

我将刚才听经理讲的这位太太的事情和我眼前所看到的一切联系起来，并在脑中迅速琢磨

神秘女客人房间里的陈设确实不一般。

着：这个女人曾经住在广场饭店中，那是家很高档的旅馆，她却说自己很穷——这个女人可能有一半犹太血统，但是她却装成一个百分之百的犹太人——这个女人对连接奥尔巴尼和拉特兰郡两个地方的那些桥梁十分感兴趣，她说她喜欢这里的景色，包括那些桥，并且还想要一些关于这些桥梁的照片——这个女人收到了这么多用糖果盒伪装成的炸药包裹，现在她房间里的炸药足够将我们这里所有人送去见上帝了！想到这里，我真的不寒而栗。然而又突然想起了经理让我看完了快点下去的警告，所以我把盒子放回原处，将壁橱门虚掩上，关上房门快速回到了楼下。

33 打草惊蛇

经理正在办公室的打字机上打一份电报。"电报是给那位太太的。"他轻声对我说。打完后他还得给电报局的人念一遍听听，因此我也能听到电报的内容。这是一封从华盛顿发来的电报，电报说："你现在接收到的糖果已经足够多了，够你吃的了。一切准备就绪，就等着明天的比赛开始了。我们希望你能先放下手头的事情加入到我们中间。所以今天下午三点以后，你的朋友海因茨和阿尔弗雷德将会开车来找你，带你去比赛现场。到时候你的那些糖果可以再吃一些了。署名：西格蒙德。"

"他们可真是太聪明了，你难道不这么认为吗？"我对经理说。

"是的，他们确实挺聪明的。但是电报令我很困惑，内容很简单，字句也很容易理解，可就是涉及糖果的这一点我始终理解不了啊。"

"难道你还不明白吗？他们这封电报里说的糖果就是藏在糖果盒里的炸药。"

"你说的是真的吗？"经理显然有些惊讶。我想他肯定想不到糖果变成了炸药。

"我想我十分确定。"我对他说。

人民对纳粹分子是毫不留情的。

"如果真的是这样的话，我们应该把这个女人抓起来！可是现在没人能逮捕她啊，郡长会说他没有权利随便逮捕任何人的，况且，我想这一会儿她应该和什么人出去了。"经理若有所思地看着我。

"也许我们能叫联邦调查局的警探们来逮捕她。就算他们一时赶不到这里的话，在奥尔巴尼警局里一定会留一位警长的，我们向他报案，他可是有权逮捕嫌疑人的。"

"可是我们该怎么说呢？要是请他来抓人，我们肯定得有理由和证据报案啊，否则就算联邦调查局也不会胡乱抓人的。"

我想了一下，说道："你知道她开的那辆汽车的车牌号吗？"

"知道啊，前些日子刚开始感到奇怪的时候我就把它记下来了，就在我的记事本里。"

"这样就再好不过了，你想的真细致啊，先生！现在，我们再做一件事情，就能让她前往奥尔巴尼了，这样就等着奥尔巴尼的人民来对付她吧！"

"但是我们怎么才能让她心甘情愿去奥尔巴尼呢？况且，我们又不能把她绑架了送到那里去，那同样是犯法的啊，我们现在又不确定她真的有什么歹意。所以，您快说说我们应该怎样做才能让她自己主动去奥尔巴尼呢？"经理显然对我的话感到十分困惑。

"当然，我们现在只是在猜测，但是如果她真的像我们猜测的那样心怀不轨的话，那我们可真的很麻烦了。如果被我们发现了，她一定不会逃往加拿大的。我知道，在加拿大只要抓住间谍，就会立即枪毙的。所以她是不可能冒这个险的。只要我们能想办法让她觉得我们已经识破她的阴谋诡计了，她就会立刻逃跑，毫无疑问的，她会试着去奥尔巴尼，并从那里坐飞机到华盛顿。"

"好吧，"经理表现出一副苦恼的样子，"我都明白了，但是你怎么做才能让她马上就去奥尔巴尼？"

"我已经想到一个办法了。请给我一张纸，先生——旅馆里的那种信纸——还有一个信封。"

"哦，外面大厅的桌子上有信纸和信封，我们出去拿好了。"

"很好。我现在要写一封信给那位太太，一会等她回来后，你就把我写的这封信交给她，就说有人让给她的。"

我走出经理办公室，来到大厅里，我拿起一张信纸在上面写了一个字，然后将它折叠起来装进信封里。在信封上我又写上她在这个旅馆登记的名字，然后把这封信交给了经理。就在这一切刚好完成的时候，那位夫人从门外进来了。真是惊险啊！

"有我的信吗？"她的话带着浓重的德国口音。

"夫人，我们刚收到您的一封电报和一封信。几分钟前刚送过来，哦，我说的是这封信，就在您回来之前几分钟吧。"

"谁送过来的？"这个女人接过经理递给她的电报和信封。

"真对不起，夫人，我不知道，是店里的一个服务员转交给我的，我没见到送信来的人，正巧那个服务员被我安排他出去买东西了，不在店里。"

没有得到她想要的答案，于是这个女人打开信封，展开那张信纸。我必须承认，她的自控力真的太强了！我仔细地观察着她的神态，甚至没有发现她出现一丝一毫慌乱和紧张的神情，哪怕是极其轻微的情绪波动也没有，这不由得使我有些敬佩了。看完后她轻轻地把信纸叠起来装进了信封，然后把信和电报都放到手提包中。"你确定不知道是谁送来的信吗？"她问道，从语气中也听不出任何异常。

"是的，夫人，我真不知道是谁送来的这封信。不过一会儿服务员回来后我会问问他的，到时候我知道了就立马告诉您，您看这样行吗？"

"这倒不必了，"她打断了经理的话说道，"不过你可以让其他服务员到车库跑一趟，说我现在就要开走我的汽车，我要去曼彻斯特一趟，因为我的一些朋友要来看我了，我得快点赶过去。"

"很抱歉，夫人，我想，恐怕现在没有火车开往曼彻斯特了。"经理回答道。

"我知道，今天早上的报纸我看了，这种新闻我觉得是最无聊的事情了，没想到你们的报纸还要拿来报道一番。我真的不想批评这个国家的什么事情。可是，有时候你们美国人真的太小题大做了，这点我确实觉得有些可笑，你觉得呢，经理先生？"

"是的，太太，"经理回答她，似乎这样的话题已经引起了经理先生的浓厚兴趣。"你在这儿待了有一阵子了，你了解我们是怎样的人了吗？我们热爱生活，对任何事情都很感兴趣，不过有时候就会显得有些滑稽可笑了。而且我们会不时的需要点刺激，这样生活才能更有意思，太太。"

"是的，你说得没错，我想我已经有些明白过来了。我想那个服务员就快回来了，你们午饭就不必等我一起吃了，我这就要走了。如果到时候火车晚点的话，我可以到春分旅馆里随便吃点东西。"

"好的，夫人，就听您的。"经理似乎以他最有礼貌的语气和声调对这位太太说着。

"谢谢你的照顾，"她回答道，接着向我们两个鞠了一躬，我看见她嘴角有些翘起，像是在嘲弄我们，可能因为我也在她鞠躬的范围之内吧。"那我们就今天下午再见吧。"

说完，她就转身这么离开了旅馆。我站在窗边注视着她离开：她上了汽车，拿出些小费来给了两边的侍者。汽车沿着那条石子铺成的小路向曼彻斯特村驶去。

"谢谢你了。"我转过身对经理说。

"不要客气。"他回答说。然后我走出旅馆，向街对过的电话亭走去。几个月后，我偶然间在纽约的一家旅馆中碰到了这位经理，他那时正在那家旅馆中工作，他好像就在那个旅馆中工作了一冬天。

"老朋友，我们的那个德国朋友后来怎么样了？"我问他，"就是那个号称自己的医生丈夫被纳粹折磨死的寡妇太太，你还记得我说的是谁吧？巴鲁克·考恩夫人！"

"我当然记得，先生！后来，我做了你嘱咐我的事情，我打电话到奥尔巴尼，打到警察局局长那里，并且向他说明了所有的事情。噢，他是一个聪明的长官，他说他会抓住她的，还让我放心呢！不过事实证明他确实做到了，他没有吹牛。几个星期之后，当一切恢复正常时，我有一次去了奥尔巴尼。我专门开车去警察局找那个局长，问他事情最后什么结果。你知道的，整件事情我都是很好奇的。联邦调查局的警探们似乎早就知道了她所有的事情，他们正等着她来呢。他们在本宁顿布置好了警力，准备将她抓住，防止她逃掉。那个女人看形势知道自己跑不了了，所以使劲踩着汽车油门，向一棵路边的树撞了过去。"

"那她死了吗？"我赶忙问道。

"没有当场撞死，但是两天后她在本宁顿的医院里死了。我想她一定是一个很重要的罪犯，警察们一直在通缉她。后来警局还专门给我写了一封信，就那个女人的罪有应得向我表示感谢呢。可惜我没带着，以后有机会我一定给你看看那封信。对了，先生，现在你能告诉我，那天你给她写的信到底什么内容啊？怎么她看了信就立马走了呢，而且走的那么着急？后来我问过联邦调查局的工作人员，但是他们不告诉我，说那是一个秘密，不能告诉不相关的人。可是我总是想知道上面写了些什么，你知道的，先生，我这个人好奇心一直很大。"

"那是萨尔茨堡附近的一个古老城堡的名字。这个古堡以前一直属于一个叫马克斯·莱因哈特的人。我想你一定听说过这个人，他现在就在好莱坞。纳粹德国占领奥地利后，他们便将这个人的城堡抢去了，后来就把这个城堡送给了那个女人，让她继续为纳粹德国在奥地利效劳。"

"哦，是这样子啊。但是你当时是怎么突然想到这件事的呢先生？你简直太聪明了，难道不是吗，先生？"那个经理说道，显得有些兴奋。

"我可没有你想象的那么聪明。但是我有时候会读一些美国反对纳粹党宣传会的报告，我是那个宣传会的一个会员。这件事情发生前一个星期，我们曾经收到过关于这个女人的很多报告，所以后来我根据情况确定她就是那个报告中的女人了。你说的没错，她的确是一个危险人物！如果当时我们没有及时除掉她的话，恐怕只有上帝才会知道那里会发生什么事情了。这真是要归功于你的好奇心啊，先生！"

"真是出乎我的想象啊！对了，先生，那么那个古堡到底叫什么呢？"

"我说了你也记不住的，但是你这么想知道，我就告诉你吧。利物浦斯康城堡，就是这个名字了。"

这都是后来发生的事情。我扯得有些远了，现在我们再回到那个时候。打完电话后，我走回我的房间，脱掉外套和鞋，躺下要睡一会儿，毕竟我还是很累，头还是有些隐隐作痛。先前吃的药已经发挥它的药效了，躺到床上不一会儿我就睡着了。

利物浦斯康城堡

34 大战前的紧张忙碌

一个小时之后，我被拉百叶窗的声音弄醒了。

"该起床了，老伙计，"威廉转过身对我说道，"头还疼吗？"

"已经不疼了，基本没事了。楼下情况怎么样了？"我晃晃脑袋说道。

"一切正常，就像没发生过任何事情一样的平静。有十二个老太太坐着两辆汽车到了这里，吃完午饭后，当她们被告知不能从这条路开车去拉特兰时，她们非常生气。她们威胁说要打电话给州长投诉，还要打电话给我们的总统先生，还有最高法院院长，打电话告诉所有的人。她们说这是条公共马路，她们有权走这条路，这是大家的公路。反正她们就不停地嚷了好一段时间这些类似的话。旅馆的经理问她们是否看到报纸上登出新闻来，说现在已经爆发战争了。她们对经理说，她们正在休假旅行的途中，所以并没有看报纸，而且她们也不想在假期中看什么报纸，更别说像德军马上就要到这里来和侵略美国之类的愚蠢消息了，那都是讨厌的罗斯福政府宣传出来的，都是危言耸听的话。我们始终劝她们别开车过去，她们不但不听，还越来越生气，所以驾车就走了。可是没走多大一会儿，就回来了。原来拐弯那里的人们不让她们通过，没有办法，她们只能掉头回曼彻斯特了。不过她们更生气了，声称以后就是求着她们，她们也不会来新英格兰州旅行了！

沃尔特和汉塞尔已经在小亨利的办公室里有一段时间了。

除了这件事情之外，一切都很平静。这算是我们这段时间唯一的新闻了。

"你快起床梳洗一下，我们一起到马路对面去。沃尔特和汉塞尔已经在小亨利的办公室里有一段时间了，他们正在给很多人打电话，真是比我在佛蒙特州时认识的人还要多很多。吉米和珍妮特也已经过来帮忙了。吉米帮忙数人数，珍妮特则在一旁找他们需要打电话的人名和电话，看她那样，我怀疑她好像什么人都认识呢。约翰在那里做些跑腿倒水的杂事，谁有需要帮忙的事情他就抓紧过去。沃尔特跟着大队人马一起沿着这条路开向某个地方去了，他们想多找些合适的堤防隐蔽起来。哈利留在好莱坞看管那里的一切，至于格蕾丝，我最后一次见到她时，她带着詹尼从屋顶上下来，她爬上屋顶，想看看在屋顶上能不能更好的瞄准空降的德国士兵。德克不小心掉进池塘里了，费了很大劲才把他捞上来。我离开时，正在厨房的烟道旁边替德克烘干衣服。哈利的妻子正忙着为他们准备晚饭呢，她似乎对做饭这件事情很得心应手，而且她似乎很会照看孩子，孩子们在她的看护下玩得很开心。玛丽也忙着照看自己的孩子。大家各忙各的，看起来每个人都颇为享受这种忙碌。至少目前这种平静和安详，是我们每个人都想过的日子。就是小狗布比，它可能太兴奋了，跑来跑去的叫个不停，所以我们把它关进了杂物间，有人拿着灌溉用的水枪朝它喷水逗它玩呢。这就是你睡觉的一个小时里所发生的事情，报告完毕，总司令！现在你穿好鞋跟我一块到马路对面视察军情吧！"

听了威廉最后一句话，我不禁笑起来。很快我便穿好衣服跟着他出去了。来到马路对面的屋里，一切都跟刚才威廉跟我说的一样。约翰陪我走进里面的办公室，亨利看到我们说："快坐快坐，别客气。"说完后便继续拿起电话簿忙了起来，就像没看见我们进来一样。

"你们忙得怎么样了？打了多少个电话了现在？"我问沃尔特。

"一切都很顺利。"珍妮特回答我。

"目前为止已经打了三百八十一个电话了。"吉米说，但是他的眼睛并没有离开手中的本子，上面记录着打过电话的数目。

"州长怎么说？"我点点头，又问道。

"他说尽管让我们干就行了，他同意我们的计划，并且全力支持我们。"

"那么那些人大约什么时候能赶过来？"

"我们告诉他们尽快到这里来，可是他们中有些人没有汽车，有些人的汽车不巧坏了，我们正想请求你这位朋友开着汽车去接一部分人过来呢。"珍妮特说着看了看我身边的约翰。

"当然可以了，我很愿意效劳，"约翰说，"不过你要告诉我要到什么地方去接他们。"

"这个好说，现在一些孩子们也自发组织起来了，觉得自己无事可做他们都很着急，到时候我们会让一个或几个小孩子做你的向导的。"

现在，我耳闻目睹的，证明了我们的民主政体和民治政治开始自动运转了。至少从目前的情况看，它运转的还相当不错呢。

大约四点钟的时候，这个地方的主要街道上停满了汽车。但还是不断有从各个地方赶来的新人加入其中，先到达的人告诉新来的人把汽车隐蔽在大树下，那样就不会被空中的敌人发现了。沃尔特在这里对及时赶来的人们做最后的指示。"我们将不得不步行半里路，同胞们，"他说，"不过步行过去对我们来说也没什么障碍。在第二座桥附近我们埋伏着几个人，等大家过去后，他们会告诉大家应该做些什么。家里的枪都带来了吗？"

"都带来了！"众人情绪高昂地回答道，这足以显示现在大家众志成城。

"好的，祝我们胜利！等他们从飞机上跳下来快落到地面的时候，瞄准他们开枪就行，就当他们是一群松鼠，我们正在打猎！"

"那些德国佬的屁股大得很，"其中一个农民说，"那么大的目标很容易瞄准的！我们的枪法本来就都很不错！"

"嘘！"威廉警告他，"这里可是还有太太呢。"

现在这个时候，坐在桌子旁边的吉米和珍妮特显然不会在意这样的评论，她们同样希望这些四面八方赶来的人能射击准一些，干掉那帮德国纳粹！

35 德军空投密令

孩子们已经被全部带离了村庄，我们安排他们到丹比采石场旅行一圈。孩子们当然认为，国庆日还没有来就让他们出去野炊再好不过了。丹比采石场在一处云母石山的中心地带，那里有足够大的空间让孩子们游玩，甚至可以装下整座圣彼得教堂。那里十分偏僻，孩子们在那里将会很安全。况且还有很多当地妇女跟着一块去了，可以照顾孩子们并给他做饭吃。她们还带了很多被褥过去，如果一旦需要在那里过夜的话，大家都不会着凉受冻了。其余妇女则留在村子中，因为无事可做，她们就开始在家中做油炸圈饼，或者煮一些咖啡。

还差几分钟五点，威廉和我坐在约翰的车中，我们沿着通向梅塔威山谷的道路开去。五点刚过几分钟，我们就听到空中传来飞机螺旋桨的声音，显然，敌机已经来了。约翰很快就把汽车开到了一片树荫下，我们在那里静静地等着。我们能看到前面几里远的情况。山谷中似乎毫无人迹，那面纳粹党旗，借着风势在电线杆顶端快乐地飘扬着。几辆汽车分散地停在那周围，从空中看起来像是德国士兵在车中隐藏着侦查周围当地人情报用的。眼前的一切布置，都是按照先前沃尔特吩咐下去的计划实施的。

我们头顶的这架德国飞机在他们同伴葬身之处的上空盘旋了几次，便低下机头，抛出了一个悬挂在小型降落伞下面的东西，并且放出三道黑烟，大概是向他们认为的勇敢战士表示敬

山上的小屋

意。可惜的是，他们并不知道，先遣队早已经丧命在我们美国人手中了。做完这些后，那架飞机便向青山的后面飞去。看样子他们是侦察完毕，回去了。我们做的一切准备成功迷惑了敌人。

当确定敌机飞走之后，我们便开车到了那处我们做了伪装的农舍。那顶拴着东西的小降落伞，恰好落在我们埋葬那股德国先头小队的地方。挂在降落伞下面的黑色东西是一小段钢管，里面放了一封信，肯定是丢下来给先头小队看的。信是用德文书写的，他们便把信交给我，让我赶快翻译出来，看看上面写了什么内容。这封信非常简短。他们位于新斯科舍省的总司令部宣布，由于发生了紧急情况，计划中在下午进行的总攻不得不延迟到晚上七点之后才能开始。同时，命令这十二个人必须尽他们最大努力扼守这里的根据地，以等待进一步的命令。

看完信之后，我们的心情不禁稍稍放松了一些。我们重新上车，约翰开车把我们送回了村子中。回到旅馆对面的大本营，我看到珍妮特仍然在不断地打电话，通知生力军前来支援。我把那道空投下来的敌军命令拿给沃尔特看。

"真是太棒了！"他兴奋地喊了起来，"这样我们就有两个小时的时间来把我们的人分散到河谷各个角落去。到时候就等着给那群德国佬们收尸吧！"

"已经来了多少人了？"我问道。

"现在为止已经来了九百多人了。"吉米看了一下记录簿回答我。

"太好了！"在屋角桌子旁的珍妮特说道，"这么多人一起来肯定会很有趣的！"我想可能会像珍妮特说的那样，到时候场面一定很有趣。可是觉得有趣的肯定不会是那些德国纳粹青年士兵们。他们现在肯定正在幻想异常轻而易举的胜利，或许现在他们已经背好了整齐的降落伞，配好了枪械和子弹，正忙着上飞机呢。

前面我所讲到的，就是后来著名的、称为梅塔威山谷之战的战前序幕了。

至于这场战役的第二幕，我想真的可以称为"大屠杀"了，在我们熟悉或者不熟悉的历史教材中都会有讲述这种场面的内容。因此，在这里，我就不需要给大家详细介绍了，毕竟场面过于血腥和残忍。到了傍晚六点半左右，九百多名从四面八方赶来的佛蒙特州的农民，或者躲在树后，或者藏在石墙后面，有的甚至隐蔽在小河岸边的芦苇丛中。他们都已经为接下来将要发生的一切做好了准备，就等着敌人们从天而降了。

伪装的农舍

36 大获全胜

　　七点钟刚过不久，大量德国飞机出现在东北方的天空中。起初他们飞得很高，像是害怕被发现。后来似乎看到山谷中没有任何异常迹象，大概在确定这里一切安全之后，便把飞机的高度下降到了六百尺（200米）左右，以便军队空降。几乎在同一时刻，每架飞机都打开了机舱门，跟着就是数百个黑色的东西从飞机舱门处跳了出来。一刹那之后，从飞机中出来的每一个东西，在空中都分为了两部分，——一个黄色的降落伞在空中迅速展开，开始延缓降落速度；而另一头则是连在一起的德国士兵，他们不停地晃动身体，不断纠正下降的方向。时间一分一秒过去了，空降下来的德军距离地面越来越近。当他们中的第一个人离地面大约还有一百尺（约33.33米）时（因为他们并不是以相同速度下降的），枪响了一下：不知埋伏在地面各处的谁开始向他射击。只见降落伞悬挂的那个人突然抽搐了几下，在空中以很奇怪的姿势翻转了几下身子，两腿朝下蹬了一下，脑袋就垂在了胸口，整个样子就像一只死鸟挂在一个稻草人上一样。而他的降落伞却继续下降。第一声枪响后，跟着便是无数声开枪的声音。我们的人憋了很久的怒火终于得到释放了。

　　大家可能会问我："你说的这一切都是想象出来的吧？当时战场瞬息万变，那么多人，而且光线也不好了，怎么可能记得住所有细节呢？"

　　毫无疑问，如果那天那个时候，仅仅发生了那么一起枪

人民军大显身手

击，我是不可能记得这些事后回忆起来感到恐怖的细节的。但是，在那之后的大约四十五分钟之内，仅仅在多塞特和波利特这两个地区之间，就有八百多个德国纳粹士兵或是被我们直接打死，或是中枪受伤了，还有一些落到地面后被俘虏了。只有少部分降落后安然无恙，但是他们想负隅顽抗，都被我们的人民军干掉了。

在确定空投德军的飞机已经飞走之后，我们便从隐藏的各个角落中出来，开始清点敌军死伤和被俘的情况了。吉米再次承担起记录数目的工作。"千万别给我这些德国人的香烟，"她乞求我说，"我最讨厌这些可恶的东西了。但是如果你们在他们身上找到质量不错的袖珍小刀，就多拿几把给我吧，用它们来拆信封再好不过了。"

我们经过一番清点之后将数字报给吉米。那天晚上晚些时候，她经过再三校对之后，向我们公布了统计数字。结果如下。后来的事情证明，我们所做的统计丝毫不差。

德国伞兵在降落过程中被杀或是受重伤后来死去的人数	321
受伤送到美国医院的人数	261
降落后试图躲在就近农舍中负隅顽抗，后来被打死的德军人数	63
因上述同样原因遭围剿受伤的人数	92
降落后占据三间农舍继续抵抗拒绝投降，后来被火烧死的大约人数	12
活着的战俘，后来被送往拉特兰当地监狱的人数	132
敌军总数	881

我们这边的情况：

被德军打死的人数	23
被德军打伤的人数	56
总数	79

此外还要再加上三个人，他

善良的乡民们在巡逻

们三人是我们在河谷中庆祝第二次本宁顿战役胜利的时候，被自己人误伤的。不过他们伤得并不严重，第二天就从医院出来回家干活去了。

不过，很多当地山谷树林中无辜的大熊也由于纳粹军队的这次入侵而遭到杀戮。因为那晚之后的几个星期里，当地人仍然害怕还有德军士兵躲藏在山林中未被消灭干净，所以那段时间他们过得难免战战兢兢。有时候一头熊，或是一头鹿或者其他什么东西，甚至是一头牛躲在树林中，都会被乡民们误认为是剩下的敌军躲藏在那里。他们会毫不犹豫地开枪射击。好几头大熊因此命丧黄泉，冤死在我们这些善良的乡民枪下。对于这种情况，无论对我们的同胞，还是对远比纳粹和善的大熊们来说，都是相当令人伤心的事情。

危险刚刚过去不久，我便开始担心在好莱坞的那些人的安危。我让约翰开车把我送过去，因为那时候他也在担心着他的妻子和孩子。珍妮特也和我们一同前往，但是吉米说他要和沃尔特还有汉塞尔一起暂时留在这里，要等把敌军伤亡情况统计完之后再说下一步去哪儿。我知道，他们都是想把一件事情干利索再离开的人，所以就同意了。

因此，我们就开车上了返回多塞特的道路。

37 哈利扣动了扳机

很快，我们的汽车就到目的地了，我们把车停在谷仓和房子之间。远远的，我们就看到了哈利和他的妻子、玛丽和黑人女仆以及我们先前送过来的那些孩子们。他们都安然无恙，至少看起来是这样的，但是他们都站在草地上，注视着不远处的一个什么东西。

"孩子们！"珍妮特喊道，"你们都还好吗？"说着我们都下了车，走到他们近前。

"噢，妈妈！"詹尼用他嘹亮又尖锐的声音喊了出来，"快过来妈妈，快过来看呐！一个德国人，他已经死了！"

看起来不是很高兴的样子。德克正在采花，准备将摘来的花送给她的小妹妹。

"到底发生什么事情了？"珍妮特关切地问道。

哈利有些怯生生地说道："我想都是我的不对。是这样的，这个家伙，这个德国人突然从半空中落下来，他从地上爬起来之后便端着枪向屋子这边走来，我看情况不妙，就拿起你说的那把猎枪，试着扣动了扳机，没想到就把这个人打死了。我想可能是我这个新手的运气好吧。就是这样了。"哈利看看地上的死尸，又看了看我们。

"是的！真是太幸运了！"珍妮特赞同地说道。她看了看

受到惊吓的孩子

死了的那个德国士兵双眼之间的小圆洞。"但是我想孩子们还是赶快回屋里去吧。孩子们，你们吃饭的时间到了，走，快跟我回屋里去吃饭喽！"

我知道，哈利一生中从没打死过一只苍蝇，也从没抓过一条鱼，因为他怜悯那些无知但是有生命的小生灵。但是现在，他居然亲手开枪杀死了一个活生生的人。我想这对他来说是一个不小的打击。后来珍妮特想把那支猎枪送给他留作纪念，但是他拒不接受。"你的意思我能明白，我也很感谢你，"他说道，"但是只要想起家里还藏着把枪，我就感到很不舒服。况且，我还是相信每个人生下来都不是坏人，我们每个人生下来也不是为了相互残杀的。"我们都知道哈利的为人，而且大家也都是希望天下太平的。